"听证在检察机关办案应用问题研究"课题组成员

杨　坤　万　毅　刘亦峰　谢　科

唐　超　肖　江　刘姝廷　刘眉芬

赵　江　刘正成　黄小兰　车春艳

向东芸　康　燕　陈治江　钟宇晴

吕泽冰　张明利　周　云　许源源

冯　琪　刘星辰　董葳芃　刘奕廷

干海林　蔡茹薪　曹佳迪

听证在检察机关办案中应用问题研究

杨 坤 万 毅 刘亦峰 谢 科◎著

上海三联书店

前　言

　　检察机关听证化办案方式的改革,并非是一个新的命题,其部分内容已经被反复论证并在一定程度上付诸实践。检察听证化改革首先是顺应最高检关于"检务公开"的改革趋势,提升检察机关程序性裁判的透明度与公开性,其有利于相关诉讼参与主体对检察机关办案决定的理解,实现定纷止争之目的,同时也有利于消除社会公众对检察机关办案的误解,提升检察机关的公信力;其次,听证程序的构建也是检察机关办案方式适度司法化的完善方向,通过形成两造双方的制衡结构,在兼听、辩论的基础之上作出决策,有利于改变以往检察作业书面化、行政化之弊端,进而提升审查逮捕、审查起诉以及刑事申诉案件的办理质量。

　　目前各地听证化改革试点多集中于审查逮捕、审查起诉及刑事申诉三个方面,其中又以审查逮捕最为集中。在具体的制度设计上,听证化改革呈现多地开花的态势。上述三者之间各不相同,比如审查逮捕听证多强调采用侦辩两造对抗、检察官集中裁决的三方构造,但刑事申诉听证则并不强调这种对抗性的三方结构。此外各地的试点在审查逮捕听证内部也呈现出多样化特征,在诸如主持人员、听证案件范围、听证程序、权利保障等诸多方面皆有不同。因应改革,学界研究基本集中在审查逮捕听证,具体探讨其如何展开的问题。

就此,当前听证化改革的问题在于:第一,听证化改革在各程序间呈现出零散性的态势,缺乏顶层设计。具体而言,当前改革并没有将审查逮捕、审查起诉以及刑事申诉等听证化改革统合起来,只是片面地单独进行各自领域的程序构建,因此,如何将检察机关的听证化办案机制在理论层面予以制度化,就成为当前改革的当务之急;第二,在顶层设计之下,各个程序阶段在具体适用听证程序上究竟存在何种不同?其内在机理为何?唯有解决上述问题,才能真正实现听证制度在实务运作中的落实。本课题基本围绕上述两个层面的问题展开研究。

正是出于探讨和解决上述问题的目的,四川省犍为县人民检察院与四川大学法学院共同成立专项课题组,并于2020年成功申报最高人民检察院检察应用理论研究课题:听证在检察机关办案中应用问题研究(立项编号:25)。课题组由"四川省检察业务专家"、犍为县人民检察院党组书记、检察长、西南政法大学博士研究生、杨坤,四川大学法学院教授、博士生导师万毅担任课题组负责人,并挑选检察机关、四川大学法学院博士生、硕士生等具有深厚理论研究功底和实务探索能力的精兵强将组成联合课题攻关力量。虽课题项目于2020年中旬申报,但自2019年起便已经开始前期准备工作,通过一年多的广泛调研、资料梳理,初步成果论证及修改,于2021年上半年完成最终的综合研究成果。

　　课题组选取的是当前检察改革领域尚未被充分讨论的问题，即听证化改革，其在本质上是检察机关办案机制的转型，是对以往传统书面、行政化办案模式的颠覆，因此，对于实务运作具有极强的现实意义。虽然听证化改革在学界早有论述，但是当前研究并未将审查逮捕、审查起诉及刑事申诉作为一个系统来探讨。然而事实上，三者既有差异亦有共通之处，需要结合刑事诉讼蕴含的司法规律与原理来予以检视。当前检察实务对听证程序的办案模式各行其是，有些地区操作也很不规范，亟需形成一套行之有效、系统化的操作规范。本课题采用差异化的方式设置听证思路，既兼顾了听证化改革的本来目的，又结合了实务部门办案的实际需要，能够极大促进听证制度的最终落地。

　　在研究方法上，本书综合采用多种研究方法：①法解释方法。听证在检察机关办案方式中的应用这一话题涉及到对刑法和刑事诉讼法以及相关司法解释的解读，运用法解释的方法去发现这些规范含义必不可少。本课题将完整收集关于听证、检察机关办案方式的法律法规，对"听证""讯问""听取意见"等概念的含义进行分析，尽量缓和听证化改革在引入过程中与既有制度框架的冲突。②实证研究。在文献调研的基础上，梳理问题，深入检察一线（特别是市、州级人民检察院以及基层检察院）进行调研、座谈和走访，中期拟召开小型会议，以从实践的角度印证、校正理论分析得出的结论，并保证理论研究不脱离司法实践。③历史研究。鉴于我国实务部门已经存在多年听证试点，有必要对改革进行历史考察分析，以借镜观形。④比较研究。由于听证化办案在域外法治国家已经行之有年，如美国不仅在行政领域大量适用听证制度，在司法领域更是广泛应用，故对域外听证制度进行比较法上的借鉴有助于我们加深对听证制度的认识。⑤案例分析法。援引检察实务中出现的采取听证方式取得良好法律效果和社会效果的案件进行研究分析,展开论述,从中得出具有规律性的认识,并对其中较为规范的案件、较为成熟的操作规则进行重点研究。

四川省乐山市犍为县人民检察院长期关注我国诉讼法、司法制度的实践前沿问题,积极探索司法实务中的"疑难""重要"问题,争做中国社会治理创新和法治创新的排头兵。自最高人民检察院开始推行检察听证制度以来,四川省犍为县人民检察院积极贯彻落实,同时对于实践中所遇到的理论和实务问题也会积极会同国内一流法学院校的专家学者开展诊断式研究,并与四川大学法学院万毅教授团队组成联合课题组,于2020年申报最高人民检察院检察应用理论课题"听证在检察机关办案应用问题研究",对检察听证问题展开正反经验总结和前沿理论探索。在检校两家的精诚合作下,本课题组积极完成课题调研,梳理第一手资料,在充分论证的基础上几易书稿,最终形成此书。

本书由四川大学、西南政法大学的教授、博士和硕士生与犍为县人民检察院的实务专家组成联合课题组,由"四川省检察业务专家"、犍为县人民检察院党组书记、检察长、西南政法大学博士研究生杨坤和四川大学法学院教授、博士生导师万毅共同担任课题负责人,四川大学法学院诉讼法学专业博士研究生刘亦峰、四川省犍为县人民检察院谢科,以及四川省犍为县人民检察院的实务专家及四川大学博士生,硕士生共同参与本项目的研究工作。

由于作者水平有限,虽竭尽所能,但书中疏漏之处在所难免,恳请读者批评指正。

四川大学检察制度研究中心

西南政法大学法学院

四川省犍为县人民检察院

"听证在检察机关办案中应用问题研究"课题组

2021 年 6 月

目 录
Contents

第一章

总 论

| 第一节 | 听证的起源

一、听证制度的起源

听证制度与英国普通法中的"自然正义"有极深的渊源。自然法学派主张,法是宇宙秩序中作为一切制定法之基础的关于正义的基本和终极的原则的集合,一切法律的制定应当根据已有的宇宙秩序、自然规律和人的内心确信。自然是天然,是一切自发形成的合规律的过程结果。正义是人类多年的价值取向,当然,不同时期的正义各有其内涵。自然正义是英国普通法中的重要原则,自然正义原则对英国的程序构建有极深的影响,其下衍生出了两大规则,即"任何人不得在自己的案件中充当法官"和"任何人为自己的辩护应当被公平听取"。①"任何人不得在自己的案件中充当法官"不仅是狭义上的不能自己审判自己的案件,而且是任何与案件有利害关系,可能影响案件审判结果的人都不得在案件中充当法官。"任何人为自己的辩护应当被公平听取"即是赋予被审判之人辩护权,任何未经辩护程序的案件不得宣判。"任何人为自己的辩护应当被公平听取"规则最早在司法领域适用,随着国家机器的日趋完善,国家机构部门日趋复杂,出现了较为完整的行政系统,公民愿意让渡自己的一部分权利给行政机关,以期换取对等的便利保护。行政机关侵犯公民权利,被侵犯权利的公民往往不能保护自己的权利,因此,"任何人为自己的辩护应当被公平听取"规则开始被引入行政领域,行政程序中的听证制度得以确认,听证制度的雏形便是如此而来。最早的听证制度内涵包括:1.公民有权利在合理时间以前得到通知;2.公民有权利知道行政机关的论点和根据;3.公民有为自己辩护的权利;4.公民有权利要求行政机关说明颁布一项决议、制度的理由。②

我国将检察听证引入听证制度后,传统听证制度得到进一步专门发展。从古至今,人类一直知道限权的重要性,随着司法权的发展,各国设立了不同的机构来监督司法。在我国,人民检察院有权对人民法院司法权的行使进行监督,但是随着社会发展,人权的含义逐渐丰富后,人们开始思考对人民检察院权力行使的监督。人民检察院办理案件的方式与人民法院的诉讼化、公开化不同,

---

① 章剑生:《从自然正义到正当法律程序——兼论我国行政程序立法中的"法律移植思想"》,《法学论坛》2006年第5期,第97页。

② 章剑生:《从自然正义到正当法律程序——兼论我国行政程序立法中的"法律移植思想"》,《法学论坛》2006年第5期,第98页。

检察官多是通过阅读卷宗决定案件是否起诉，这亦造成了人民检察院工作的不透明度。在检察改革的大背景下，法律界提出了"三角监督"，即通过听证的方法对检察院进行监督。检察听证工作是在新时代背景下，检察机关积极践行以人民为中心的发展思想，更好地满足人民群众知情权、参与权和监督权的重要举措，也是检察机关不断探索增强司法公信力的有益实践，已成为化解社会矛盾、促进社会治理、落实司法为民、提升检察公信的有力抓手，对实现办案政治效果、社会效果、法律效果有机统一做出巨大贡献。

二、行政法上的听证

行政法上的听证是指行政机关在做出可能影响行政相对人的行政决定前，通过举行听证会的方式听取行政相对人的意见，并对行政相对人提出的意见进行讨论后，再做出决定的程序。在行政程序法上，听证具有三重含义：第一，听证是行政相对方的一项权利；第二，听证是一项具体的行政活动程序；第三，听证是现代程序法上的一项重要的法律制度。[①] 行政听证制度在民主、参与、公开等方面发挥的突出作用，被认为是民主政治生活的标志之一。行政听证的本质是维护行政相对人的权利并对行政机关的行为进行外部监督：一方面，对于行政相对人来说，行政机关做出的决定有可能使行政相对人承受不利后果，从自然正义的角度来说，行政相

---

① 张晓刚：《民权视阈下完善我国行政听证制度的几点思考》，《求实》2012 年第 7 期，第 68 页。

对人有天然的权利为自己辩护；另一方面，行政机关作为行政法律关系中强势的一方，仅靠行政机关内部监督很难做到公平正义，行政听证程序要求行政机关的决定公开化，且给与公民表达意见的渠道，是一种对内部监督适当补充的外部监督。基于行政听证制度的重要性，应当突出其在行政程序法中的地位，将其上升为行政机关在做出行政行为时，相对人要求即必须遵循的制度，而不仅是一种行政机关可选的程序。①

　　行政听证应当遵循公正、效率、公开原则。传统行政关系中，行政机关与行政相对人的"力量"是不均衡的，行政相对人往往是相对弱势的群体，对于行政机关所施加的否定性后果只能一律接受。随着人权内涵的进一步丰富、公民权利意识增强，行政相对人可以选择诉讼的方式起诉侵害其权利的行为，但与大量侵害相对人权益的行政行为相比，仍是凤毛麟角，不具代表性、普遍性。对于更多的行政行为，行政相对人仍然是"包容"地接受。行政听证制度的产生发展，即在行政决定做出之前进行听证，给行政相对人充分表达自己意见的机会。类司法化的行政听证制度使行政机关和行政相对人处于相对平等对抗的地位，行政相对人可以向行政机关提出疑问和意见，并就此提供证据，行政机关也可以就行政相对人的意见、证据，举示己方的证据。行政听证中经过举证质证使得案件更加清晰明了，改变了传统行政执法中执法主体独断的局面，行政相对人参与行政行为做出的全过程，亦督促行政机关做出合法、合理的决定。此外，行政听证制度还提高了行政行为的接受

① 肖凭、杨旋：《关于我国行政听证制度的立法构想》，《法学杂志》2011年第7期，第43页。

度。行政行为只有被人所理解，才更容易被接受，被更高效地实施。行政听证制度提高了公民的地位，使公民能够参与其中，表达自己的意见，而不再像以往一样，只能被迫机械地接受行政机关所做出的行政行为。即使最终的行政行为仍然没有改变，公民对于最终行政行为、决定做出的依据、程序都有了一定了解，也就更容易接受。即使行政相对人可能要承受不利后果，也更容易接受该后果，即降低了发生纠纷的可能性，提高了行政效率。为保障行政听证的公正性，还应当将行政听证予以公开，包含听证前事项公开、听证的举行公开以及听证结果公开等。将行政听证公开能够使做出行政行为的全过程都得到更好的监督，督促行政机关作出公平、公正符合人民利益的行政行为。①

当然，行政听证制度的根本出发点和落脚点是保障行政相对人的合法权益。《宪法》第2条第3款规定："人民依照法律规定，通过各种途径和形式管理国家事务，管理经济和文化事业，管理社会事务。"这表明，公民对于国家权力行使有监督的权利。行政听证制度在一定程度上是公民对行政机关行使国家权力进行监督的制度，行政相对人利用行政听证程序，表达自己的意见，抵制行政机关作出违法或者不当的行政行为。② 此外，行政听证制度还保证在发生行政争议时，行政相对人不至于"诉讼无门"。行政相对人可以通过听证程序表达自己的意见并提供相关证据，也可以驳斥对自己不利的意见，为自己谋求最公平的结果，即使该结果仍然对其不利，但其至少得到程序方面的公正对待。

---

① 石肖雪：《作为沟通过程的行政听证》，《法学家》2018年第5期，第52页。
② 石肖雪：《行政听证程序的本质及其构成》，《苏州大学学报》2019年第2期，第78页。

三、检察听证制度在我国的发展

听证制度的核心在于"听取意见"。最初,听证制度一直在我国行政领域运用,在司法领域一直处于空白状态。随着经济的快速发展,公民之间的交往更加复杂多变,公民的权利保护意识也较之前有了质的提升,人们在日常生活交往中所发生的争议更愿意通过法律程序解决,这势必导致案件数量的激增,在司法案件中是否也要"听取意见"也是一个值得思考的问题。人民法院办理案件可以通过当事人上诉、申诉和人民检察院抗诉等方式进行监督,而对人民检察院处理案件的监督,却存在监督力度不足、深度不够,因此,我国也一直在摸索对人民检察院的监督方式。1998年最高人民检察院发布了《关于在全国检察机关实行"检务公开的决定"》,最高人民检察院要求各级检察院依照公开的各项制度办事,接受群众监督,虚心听取人民群众和社会各界的意见,改进检察工作。该决定虽然没有正式提出检察听证的概念,但是首次将人民检察院的工作公开化。2000年,最高人民检察院控告申诉厅颁布了《人民检察院刑事申诉案件公开审查程序规定(试行)》,总则第1条规定:为了进一步深化检务公开,增强办理刑事申诉案件透明度,接受社会监督,保证办案质量,促进社会矛盾化解,维护申诉人的合法权益,提高执法公信力,根据《中华人民共和国刑事诉讼法》《人民检察院复查刑事申诉案件规定》等有关法律和规定,结合刑事申诉检察工作实际,制定本规定。该条规定强调,各级检察院在审理申诉案件时要做到公开、公正。第18条规定:人民检察院对于下列刑事申诉案件可以召开听证会,对涉案事实和证据进行公开陈述、示证和辩论，充分听取听证员的意见，依法公正处理案件：1. 案情重大复杂疑难的；2. 采用其他公开审查形式难以解决的；3. 其他有必要召开听证会的。此时，人民检察院开始探索在申诉案件中适用听证程序，是听证制度在检察工作中被适用的良好开端。2001 年 3 月，最高人民检察院公诉厅发布了《人民检察院办理不起诉案件公开审查规则（试行）》，第 6 条规定：人民检察院对于拟作不起诉处理的案件，可以根据侦查机关（部门）的要求或者犯罪嫌疑人及其法定代理人、辩护人、被害人及其法定代理人、辩护人、被害人及其法定代理人、诉讼代理人的申请，经检察长决定，进行公开审查。第 10 条规定：不起诉案件公开审查时，允许公民旁听；可以邀请人大代表、政协委员、特约检察员参加；可以根据案件需要或者当事人的请求，邀请有关专家及与案件有关的人参加，经人民检察院许可，新闻记者可以旁听和采访。《人民检察院办理不起诉案件公开审查规则（试行）》虽然没有正式规定检察听证制度，但是却首次将听证程序引入检察办案中。

同时，我们也需要厘清检务公开和听证的区别。要对这一问题进行探讨，就要认真梳理检察听证制度在我国的历史发展脉络，其大致经历三个阶段，即，初创阶段、积极探索阶段、发展完善阶段（对于这一历史过程的阐述，具体详见本书第一章），不同的历史阶段具有不同的特点。在初创阶段，检察听证并不是一项独立的制度，而是作为检务公开的手段之一得以贯彻，即检务公开本身就包括检察听证。直到检察听证制度的积极探索阶段，其才真正意义上摆脱了检务公开，作为一项独立的检察制度深入发展。

2020 年 10 月 20 日，最高人民检察院举行"检察听证，让公平正义可触可感可信"新闻发布会，通报制定印发《人民检察院审查案件听证工作规定》的有关工作情况,标志着检察听证制度在我国正式确立。上述规定第 4 条规定:人民检察院办理羁押必要性审查案件、拟不起诉案件、刑事申诉案件、民事诉讼监督案件、行政诉讼监督案件、公益诉讼案件等,在事实认定、法律适用、案件处理等方面存在较大争议,或者有重大社会影响,需要当面听取当事人和其他相关人员意见的,经检察长批准,可以召开听证会,人民检察院办理审查逮捕案件,需要核实评估犯罪嫌疑人是否具有社会危险性、是否具有社会帮教条件的,可以召开听证会。经过长时间的探索和尝试,检察听证制度在我国正式确立。

| 第二节 | 检察听证的概念及正当性

一、检察听证的概念界定

"听证"意为听取意见,原本是指裁判中不应当只听取一方陈述,而要结合双方的意见进行决断。通常而言,听证制度往往适用于行政机关之中,在诉讼中由于是以审判制度为解决争议的核心,因此鲜有在司法活动中适用该制度。而检察听证制度作为我国"检务公开"的一项重大成果,是指在检察活动中对于一些疑难、复杂的刑事、民事、行政以及公益诉讼等案件进行听证,通过引入社会公众和诉讼参与人参与该项过程,使检察官行使职权的过程受到社会公众的监督。该制度不仅公开了权力的行使过程,也在听证过程中通过调查核实证据、询问诉讼参与人等方式提高案件的公正性。因此,无论从理论还是实践角度,检察听证都有着积极的意义。

人民检察院对符合条件的案件适用检察听证,依法组织召开听证会就事实认定、法律适用和案件处理等问题听取意见,其目的在于保障公民知情权、参与权、监督权,切实促进司法公开,保障司法公正,提升司法公信,落实普法责任,促进矛盾化解。检察听证制度的建立极大地促进人民检察院行使检察权的司法化。以往人民检察院审理案件,尤其是在对公安移送的案件决定是否起诉时,多适用书面审理,检察官站在一个积极主动的立场去决定是否起诉,该制度确立后,检察官更多的是站在一个消极中立的立场,倾听各方理由,从而做出是否起诉的决定。这样不仅能够最大程度地保障犯罪嫌疑人的辩护权,也能监督检察权的行使,节约司法资源。

二、检察听证制度的正当性

检察听证制度是检察权行使的司法化及以审判为中心理念的体现。检察听证制度运行的过程类似庭审,但是本身并非诉讼目的的提前实现,而是一项诉讼保障措施,是以审判为中心的诉讼制度改革在检察制度中的体现。一方面,通过类似审判的方式,使得听证各方形成三角结构,展开一定程度的对峙,从而有利于检察官在实施职权时进行客观判断;另一方面,听证制度又并非诉讼的"预演",听证的结果仅能影响检察官的职能行使,至于案件实体处理结果仍需由法院在审判中进行认定。

检察听证制度是提高司法活动中群众参与率的重要举措。检察听证制度要求听证实施的过程是公开的且听证员由群众产生,这充分表明了群众在听证活动中的重要作用。《刑事诉讼法》第6条规定"人民法院、人民检察院和公安机关进行诉讼，必须依靠群众"。因此听证制度的实施是司法为民的重要体现，承载了诉讼程序中的民主价值，既是公民主动行使权利监督司法活动实施的重要制度，也是公民积极参与体现司法民主的关键内容。同时，在司法活动中加入公民参与有利于提高公民法律素养，形成全社会遵法守法的氛围。

检察听证制度是提升检察院公信力的内在要求。长久以来，检察院审理案件都采用书面审理方式，检察官大多通过阅读卷宗对是否羁押、是否进行抗诉等问题进行裁量，鲜少直接听取各方意见，这就使得检察院行使职权的依据不透明、不公开，甚至公众一度对检察院的职能产生疑惑。检察听证制度通过向公众展现检察官就某案件做出决定的过程，极大提升了检察院作为司法机关的公信力。同时，也避免了检察官单一思维所造成的局限性，即通过诉讼参与人的询问与听证员的加入，拓宽检察官办理案件的思维方式，进而作出更为客观的判断。[①]

| 第三节 | 检察听证的原则

一、检察公开原则

检务公开要求检察机关依法向社会公众和诉讼参与人公开与

---

① 万毅：《检察权运行的改革调整》，《中国检察官》2018年第15期，第56页。

检察活动有关的活动或事项，检务公开揭开了检察机关的面纱，让社会公众对相对人民法院比较陌生的检察机关的工作内容有了认识，检察听证则是检务公开的重要内容，公开原则是检察听证制度的内在要求。公开原则是检察听证制度最重要的原则，其原因在于人民检察院职权的特殊性，人民检察主要的职责范围是起诉和监督。关于起诉这部分，较民事案件的数量而言，刑事案件的数量还是较少的，且直接与犯罪嫌疑人及其近亲属、代理人接触的机关多是公安局、拘留所、人民法院、监狱等机关，检察机关作为审理是否符合起诉的机关与犯罪嫌疑人及其近亲属、代理人很少会有直接接触，这导致很多当事人甚至直接忽略人民检察院这一环节。而监督对社会公众来说更是空中楼阁。所以，一直以来社会公众对于检察机关这块的印象是空白的，甚至不知道检察机关具体的工作内容是什么，基于此，检察公开对于向社会公众普及检察机关工作内容是很重要的。对内来说，检察听证制度与一般的检察官进行内心心证从而做出决定的方式不同，检察听证的目的之一是将检察官行使职权的过程展现给群众，让群众参与到司法活动中，让检察权行使司法化，检察听证制度给控辩各方、其他听证参与人表达意见的平台，对于案件的争议点、难点抒发意见，检察官在充分听取了各方意见后做出决定，防止检察院对案件处理的专断，增加案件处理的透明度，以此提高检察机关的公信力。

二、内在职权分离原则

检察听证首先应当明确其三方的架构，即检察院居中作为主持人处于中立地位，各方诉讼参与人针对案件事实提出意见、进行辩论。在此检察院不再作为打击犯罪的"急先锋"而更多应当履行的是一个处于客观中立的法律监督者的职能。但是，检察听证制度要求的检察权诉讼化与检察机关的基本职能相矛盾，检察听证制度要求检察官在案件办理过程中要处于中立者的身份，听取意见，复刻庭审模式。但实务中，检察机关办案与司法机关不同，人民法院的庭审模式中，法院处于消极的一方，所有的证据、观点，非当事人申请法院调查，都是由当事人提供，而检察机关办理案件，尤其是检察机关的自侦案件，检察机关是具备调查权的，也就是说检察官会对特定人员戴"有色眼镜"，携带偏见，在检察听证中检察官又要作为决定案件走向的主持人的地位，这势必会引发不公平的情况，因此检察听证必须做到将检察官主持人身份和调查人员相剥离，建立相应的职权回避，从而实现检察官行使听证职权的独立公正不受自身基本职权因素冲突影响。对此采取相对折衷的办法，建立同部门或者其他部门的检察官作为主持人参与听证的听证回避制度。[①]

三、效率原则

检察听证还应遵循效率原则，以尽可能最低的成本达到最好的效果，此处的效率应保证可能承受案件不利后果的当事人的正义。人民检察院应该提前确定听证会成员，提前通知听证会成员，确定听证会举行的日期并通知听证会成员。主持听证程序的检察官在听证程序正式开始之前应进行书面审理，对案情有较好的掌

---

① 杨慧亮、高飞：《检察听证制度的规范化建设》，《人民检察》2014 年第 15 期，第 50 页。

握,梳理案件的焦点、难点,以便在正式召开听证会的时候引导各方当事人直接就难点、疑点陈述事实、意见,使听证会召开的意义实现最大化。对听证会成员来说,控辩各方应在听证会前准备观点、事实和证据,避免听证时间的延长,听证会的其他成员应该在听证会前了解案情,就自己想表达的观点进行梳理。在具体的听证流程上,应做到简便,摒弃不必要的繁杂程序,应将重心放在案件上,不过分纠结程序。

第四节 │ 比较法上的听证

由于各国各地区诉讼制度的差异,检察院行使权力的方式有所不同。检察听证作为检察院职权行使的一种方式,为研究检察听证这一新兴的制度,主要从相类似的制度如英美法系的大陪审团以及我国台湾地区的侦查庭制度入手,通过比较研究得出各国各地区类似制度同我国检察听证的差异。

一、英美地区

英美法系采取的诉讼制度是以司法民主为核心的陪审团制度,陪审团在英美法系中作为事实问题的裁定者,是英美法系诉讼制度的核心。美国哥伦比亚特区等十八个州采取了一种名为大陪审团的制度(grand-jury,又称"审理陪审团"),不同于一般诉讼活动中的小陪审团制度,这种以 23 人组成的庞大陪审团拥有着极大的权力,其中就包括了作为起诉审查和决定主体的职能。承办案件的检察官须向大陪审团说明起诉理由和举证。大陪审团有权进行证据调查，包括以大陪审团名义传唤证人和调取物证。[①] 这种以陪审团为核心的权力架构来源于英美法系对于司法民主的追求，大陪审团的产生无疑是限制了检察官对于国家公诉权的垄断，是较好的司法民主实践。但是该制度也存在着明显的缺陷，大陪审团制度同一般的小陪审团制度一样缺乏公开性，即陪审团的评议过程秘密进行，且在给出起诉与否意见时不同于专业检察官需要给出足够的理由。同样，大陪审团制度下起诉与否的决定由大陪审团作出，其对抗仅仅限于做出决定的 23 人的非正式会谈中，辩方不能参与到该过程中，使之对抗性也有所缺失。

相较于检察听证制度，二者都是司法民主的产物，即在审查起诉过程中吸收了普通公民的参与。大陪审团是审查起诉中具有超越检察官权力的存在，在大陪审团制度下审查起诉的核心是大陪审团，而我国检察听证则仍然是以检察院为核心的权力架构，最终的决定权仍然掌握在检察院手中。除此之外，大陪审团的民主并未导致审查起诉的过程的公开，反而使审查起诉决定过程产生于 23 人秘密进行的非正式会谈中，而检察听证则致力于"检务公开"，其目的就是使决策过程为公众参与知悉，使完整听证过程面向整个社会。相较之下，大陪审团制度是致力于尽可能实现民众对司法权的掌握从而体现民主的"准司法程序"，而检察听证则是兼顾了司法民主和保障检察院司法权的一种局部创新的传统检察程序。

---

① 龙宗智：《检察机关办案方式的适度司法化改革》，《中国检察官》2013 年第 7 期，第 77 页。

二、台湾地区

台湾地区采取的侦查庭制度则是一种类似于庭审的方式。侦查庭的设置类似于法庭,检察官作为侦查庭的核心居于法台之上;嫌疑人、证人和鉴定人居于对面,接受检察官的询问。[①] 检察官在侦查庭中的主要任务是人证调查和执行勘验。在法警传唤被告人到庭后开始询问,检察官具有告知证人、鉴定人如实作证否则可能被追究伪证罪责任的义务。侦查庭也存在着不同于庭审的内容:由于侦查过程的不公开,侦查庭内的情况统一采取关门进行不对外公开的方式,但是如果犯罪嫌疑人委托了辩护人则应当通知辩护人到场。侦查庭不同于庭审具有机动性,在特殊情况下,侦查庭可以在检察院以外的场所进行,例如医院,但是整个过程按照台湾刑事诉讼法应当全程进行录音录像。侦查庭的适用体现了检察官作为司法官的属性,即有着同法院一样的场地设置、告知犯罪嫌疑人、证人、鉴定人其权利和义务,并且保证了辩护人参与到侦查活动之中,使整个过程因有多方参与而具备一定的对抗性。侦查庭的设立无疑对检察院适度司法化具有积极意义,是大陆法系背景下的一项重要制度,但是仍然存在着相当的问题,由于侦查庭的关门进行,导致检察官行使权力的公开性有所缺失,相较于英美法系,由于缺少公开内容以及民众参与,司法民主显然在侦查庭之中难以得到体现。

---

① 龙宗智:《检察机关办案方式的适度司法化改革》,《法学研究》2013 年第 1 期,第 179 页。

与我国检察听证制度相比,侦查庭更具备大陆法系的色彩,司法过程由专业人员决定和掌握,相较于我国检察听证减少了民众的参与。相较于检察听证,侦查庭更强调检察官的司法属性,检察官职能趋同于法官。而在检察听证中检察官作为主持人仍然会受到听证员意见的约束,检察官在听证中并非唯一的事实认定者。同时,由于检察听证没有规定辩护人的强制参与,因此侦查庭的对抗性处在检察听证之上。而就公开性而言,"关门"进行的侦查庭自然同满足"检务公开"需要的检察听证制度大相径庭。两种制度都是以检察官的司法权为核心进行构建,但是侦查庭趋向于专业化、强调对抗性,而检察听证则希望扩大公民参与,提高程序的公开性。

三、日本

无独有偶,日本针对检察院行使职权设立审查会制度,日本检察审查会是结合日本刑事诉讼程序相关规定而"妥协"形成的制约日本检察官行使公诉权和不起诉裁量权的产物。在 2004 年日本对检察审查会制度进行了改革,改革后的制度解决了日本检察审查会对检察官的不起诉决定仅仅具有评判性评价而无实际约束力的问题,对我国的检察听证制度具有一定的参考价值。其中 2004 年改革集中在起诉决议制度、审查辅助员制度以及指定律师辩护制度三个方面,首先决议制度是日本审查会制度的核心,其目的是防止检察官滥用不起诉的权力。对于检察官决定不起诉的案件,检察审查会认为起诉适当但检察官仍然坚持不起诉或者 3 个月内未起诉的,在检察审查会第二次作出起诉适当决议后,收到检察审查会议副本的法院可以指令公诉律师进行强制起诉。为了调和民意,审查辅助人由能够站在公民角度的律师构成,其能提出意见并且服从审查会安排整理证据、制作决议书等要求。不同于我国法律援助辩护制度,指定辩护律师(公诉律师)制度是指在检察审查会第二次作出起诉适当的决议时,地方法院就必须指定辩护律师代替检察官行使公诉权。[①] 以上三项制度共同形成了日本的检察审查会制度。

我国正在推行和进行新一轮改革的人民监督员制度,被学界认为是以日本检察审查会为"蓝本",二者是"最接近的制度"。[②] 我国的检察听证制度极大意义上参考了人民陪审员制度,因此,在同样是检察阶段并且适用特殊决定的情况下,笔者认为日本检察审查会制度更类似于我国的检察听证制度。在目的上,二者本质目的都是限制检察院权力滥用。在适用条件上,二者都是适用于检察阶段并且都能作用于检察院作出的不起诉决定。在与司法民主的结合上,二者都引入了以朴素公民视角参与的人员。可以说二者极其相似,但是由于国情的不同,也可以看出二者的差异。在强制力方面,我国检察听证不具备强制力,最终决定权仍是被掌握在检察院的手中,但是日本审查委员会在强制力上显得更为决绝,即采取公诉律师强制起诉的形式绕开检察官对公诉权的垄断,这种形式下检察审查会对不起诉案件做出的决议的强制力甚至超越了检察官对于公诉权的控制。在人员参与上,我国更倾向于直接让人民参与到听证中,相对而言更强调司法民主的重要性,而日本则是采取了让律师以公民角度参与审查会的方式,更注重保障审查

① 高一飞、尹治湘:《日本检察审查会制度改革及其对我国的借鉴意义》,《中国应用法学》2018 年第 4 期,第 156 页。
② 陈卫东:《人民监督制度的困境与出路》,《政法论坛》2012 年第 4 期,第 130 页。

活动的专业性,避免非专业人员参与到司法活动之中。

| 第五节 | 检察权行使的司法化

我国检察权行使在很长时间内一直是"三级审批制",即检察人员承办、办案部门负责人审核、检察长或检察委员会决定的办案方式。[①] 此种制度一直让检察权的行使处于尴尬的境地,人民检察院属于司法机关,但是在办案方式上带有极大的行政色彩。首先,检察机关对于自侦案件的侦查权来自法律的授权,但是与公安机关的侦查不同,检察机关属于司法机关,其侦查更强调客观性、合法性和公正性;其次,检察机关的公诉行为属于广义司法的一部分,且其在审控辩中扮演控方角色,其决定是否起诉的依据也来自刑诉法的规定;最后,检察机关的批捕权力也属于司法权力,逮捕犯罪嫌疑人也属于司法行为,一直以来,无论英美法系还是大陆法系,都一直认为批捕权力属于司法权力。但是,一直以来,检察机关行使检察权力都带有极大的行政色彩,尽管近年进行的办案责任制改革,在一定的程度上减轻了上文所述的"三级审批制",但不可避免仍保留部分行政色彩;这种行政化倾向,可以从两个纵向、横向两个视角进行考察,纵向来说,各级人民检察院之间属于领导与被领导的关系,横向来说,检察院在内部也采取检察长领导制。

检察权力行使的行政化势必造成效率低下、案件质量不高、检

---

① 龙宗智:《检察机关办案方式的适度司法化改革》,《法学研究》2013 年第 1 期,第 169 页。

察官专业度不够等问题。适度的司法化能很好的解决上述问题，检察权力行使的司法化是指采取司法程序的公开对抗的方式，检察机关在听取各方意见后做出决定。首先，检察权力行使司法化能够提高检察权行使的效率，逐级审批方式拖延案件审限，浪费资源，司法程序中法官负责制则是法官对案件有近乎"专制"的决定权，可以省去很多不必要的环节；其次，采取司法程序中的对抗模式，让各方当事人发表自己的意见，检察官充分听取意见，而不是像以往检察官自决断案，一个人的思维方式很容易固化，"兼听"则可以降低冤假错案发生率；最后，审批制使最了解案情的承办人员没有案件的决断权，久而久之，承办人不再切实关注案件应该如何办理，最终沦为了"工具人"，这大大降低了检察官的专业度，不利于培养检察人员。检察权力行使司法化后，"责任制"使承办人有了决断权，尤其是基层一线的检察官，其责任感和荣誉感会因此被大大提升。对于培养检察人才，尤其对培养年轻的检察官，这有很重要的意义。

第六节 检察听证实践问题分析

检察听证作为实现检务公开的一项重要制度，其本身具备工具价值与独立价值，这项制度的存在具有内在的合理性，但是通过对检察听证实践现状的了解，不难看出检察听证作为一种较为崭新的制度，在适用上仍存在着较多问题，实践中的刑事听证、民事听证、行政听证三者既存在作为检察听证的共性问题，也存在依照其案件性质、当事人的不同而存在的特有问题。故笔者拟对检察听证领域的相关问题进行剖析以明确检察听证制度的发展方向。

一、共性问题

2020 年 10 月出台的《人民检察院审查案件听证工作规定》对检察听证制度有了初步的规定，但是实践中的听证制度仍然存在着整体上不规范、不统一的问题，具体表现在适用范围、人员选取等问题上：

适用范围的界定欠科学，操作灵活性过大。[①] 尽管检察院在听证程序中应当处于主导地位，但是应当对于听证程序的启动进行细化，以避免检察机关对应当适用检察听证而利用职权故意不适用的情况发生。《听证工作规定》第 4 条[②]的规定仅仅对检察听证适用范围作了一个大概的划定，但是在什么情况下应当适用听证，理论上和立法上不约而同地采取了"在社会上具有较大影响"的标准，即"重大的""有影响的""有争议的"这类较为模糊的标准，从而将决定是否采取听证这一方式的裁量权全权交给了检察院。这些"模糊标准"赋予了检察院在启动听证程序方面一定的自由裁量权，对于应对日益复杂的犯罪事实，具有合理性；但由于实务中部分办案人员对于法律规范赋予的自由裁量权之界限难以把握，同时，听证程序的举行将会耗费一定的司法资源，故而实践中产生的

---

① 王伟、肖辉：《中国检察听证制度探究》，《犯罪学论坛》（第二卷·下），中国犯罪学学会预防犯罪专业委员会会议论文集，中国法制出版社，第 829 页。

② 《人民检察院审查案件听证工作规定》第 4 条：人民检察院办理羁押必要性审查案件、拟不起诉案件、刑事申诉案件、民事诉讼监督案件、行政诉讼监督案件、公益诉讼案件等，在事实认定、法律适用、案件处理等方面存在较大争议，或者有重大社会影响，需要当面听取当事人和其他相关人员意见的，经检察长批准，可以召开听证会。

结果就是各地检察院往往不愿意去适用或者较少适用司法成本较高的听证制度，而上述的"模糊标准"为检察院不举行听证程序的行为提供了"合法的外衣"。面对这种情况，可以由立法明文规定部分必须举行听证程序的刑事案件，即当这些案件满足启动听证程序的条件时，检察机关并不存在自由裁量权，须启动听证程序。例如规定当事人一方为盲聋哑或者有精神障碍的群体的案件应当适用检察听证程序，以此体现司法机关的人权保障机制；或者说规定针对刑事诉讼中酌定不起诉的案件应当采取听证制度，酌定不起诉的案件采取检察听证更有利于安抚被害人，化解矛盾并且能够防止放过有罪之人的情况出现。除此之外，检察听证缺乏由当事人申请启动机制，检察听证的启动仅仅由检察机关决定，虽然检察机关应当在听证程序的启动中享有较大的决定权，但是不能因此剥夺当事人行使诉讼权利即引起检察听证的权利，因此立法中适当扩展检察听证的启动方式有利于调动当事人的积极性，体现司法民主。

　　听证人员作为听证程序最重要的一部分，其职责在于对于听证过程提出意见，而听证人员所得出的意见对检察院也具有一定的约束力。因此，在听证程序中听证人员的选举成为影响检察院得出结论的重要一环，然而选定程序虽然参考了人民陪审员制度从而与诉讼程序相衔接，但是这种选举方式仍存在一定的问题。关于听证人员的选定，《听证工作规定》第 7 条[①]所规定的选定标准

---

① 《人民检察院审查案件听证工作规定》第7条：人民检察院可以邀请与案件没有利害关系并同时具备下列条件的社会人士作为听证员：（一）年满二十三周岁的中国公民；（二）拥护中华人民共和国宪法和法律；（三）遵纪守法、品行良好、公道正派；（四）具有正常履行职责的身体条件。

采取的是极大拓宽参与听证的群众范围的立法思路,这是立法者贯彻"检务公开"的重要措施,也是公开原则的体现。这种听证员的选举方式最大程度地扩大了群众参与规模,在实践中能够有更多职业、年龄等不同特征的公民参与听证,极大丰富了听证意见的形成,更容易打破检察官在办案时形成的思维局限。但是该规定并未像《人民陪审员法》对公民随机抽取以及听证人员的回避制度作出规定,在这种规定下检察院直接掌握了听证人员的选任过程,在实践中就会出现这样的情况检察院对听证人员的选取享有绝对的话语权从而直接控制了整个听证程序。这样并不能达到立法者所期待的打破检察官的思维局限,让群众参与到诉讼活动的目的,反而导致检察院出现操纵诉讼程序,损害司法公信力的结果产生。

《听证工作规定》规定了辩护人、诉讼代理人的参与,无论是在刑事案件中或是在民事、行政案件中,适用检察听证的案件往往是较为重要且与诉讼当事人利益密切相关的案件。然而在实践中可能出现由于当事人法律素质不高,对相关辩护代理的内容不熟悉从而未能聘请辩护人或诉讼代理人参与听证,或是检察官不同意辩护人、代理人参加听证程序等都可能导致在检察听证过程中无法保障当事人的权利。从性质上,采取检察听证的案件相对于一般案件而言更为重大、更容易侵害到当事人的权益,例如审判监督程序或者拟不起诉的案件等,对于这类案件,检察院更应当审慎处理。而在立法中,既未规定检察院告知当事人聘请辩护人、诉讼代理人的义务,也将辩护人、诉讼代理人能否参与到听证的决定权交给了检察院,极大损害了当事人的诉讼权益。在实践中由于部分当事人的法律素质较低,因此若没有诉讼代理人、辩护人的参与三方结构,则不利于其权益的保障,并会出现当事人之间力量的失衡,难以构建检察听证平等的三方结构。为了保护当事人的诉讼权益,尤其是当事人接受辩护的权利,立法应当鼓励诉讼代理人、辩护人参与到检察听证中形成更为公平的三方结构。检察听证期间,检察院应当负有告知当事人拥有聘请辩护人和诉讼代理人的权利的义务,并且可以参考《刑事诉讼法》中关于应当适用法律援助辩护的规定,对于一些较为特殊的案件例如刑事诉讼中的死刑案件、民事诉讼中较为复杂、疑难类似群体性纠纷或者新类型的案件等,检察听证同法律援助机制相对接,在听证环节建立完整的法律援助机制。

检察听证制度另一大问题在于其在实践中表现出来的"重程序,轻实体"的倾向,实践中多数情况是在听证过程中控辩双方时常不能抓住案件的争议焦点,作为主持人的检察官在听证开始前就已经对案件内容进行了解,形成了内心确信,这之后的听证仅仅是一个形式过程,而进行检察听证的检察院则存在着"走过场"去满足上级机关任务的嫌疑。究其原因是绝大多数检察官没有意识到检察听证制度能够提高整个诉讼程序的效率。检察官通常不愿意适用听证制度,其认为检察听证制度的适用浪费了较大司法资源,不符合我国当代基层司法机关"案多人少"的现状,再加之根据《听证工作规定》,听证期间计入办案期限,这就更使得检察官没有足够的时间和精力去开展检察听证活动。事实上,检察听证虽然在一定程度上增加了审查起诉阶段或其他阶段的程序,但是如果能够认真贯彻听证制度反而更能提高案件审查的准确性,能大大减少庭审过程中撤回起诉、补充侦察的情况,并且在听证中进行的调查也能帮助到庭审的证据调查等环节。因此,这项制度看似增加了程序步骤、降低了办案效率,实际上提高了检察院对案件事实证据审查的准确性,减少程序倒流的情况,从而加快了整个诉讼的效率。由于这项程序的时效问题仍然由检察院一方承担,因此如何平衡时间问题是解决检察官不愿意适用检察听证程序的关键,但是是否因此延长相关的时效,仍然有待商榷。

二、个性问题

由于刑事和民事、行政之间存在着实体上的本质差别,并且检察院在不同类型的案件中扮演着不同的角色。为发挥诉讼程序的工具价值,本书结合刑事诉讼程序、民事及行政诉讼程序等实践中的问题进行分别探究:

(一)刑事检察听证

刑事诉讼是检察听证适用最为广泛的一种程序,根据《听证工作规定》刑事诉讼中羁押必要性审查案件、拟不起诉案件、刑事申诉案件等都可以适用这种制度,但是现如今刑事听证程序仍有较大缺陷,存在以下问题亟待解决:

第一,在适用检察听证的刑事诉讼中,检察院所扮演的是一个法律监督者的角色,相对于作为"犯罪的打击者"的身份,检察院在检察听证中更应当保证一种公正的地位,因此在检察听证制度中检察官应当以监督者的身份去明确自己的职责,应当从监督者的角度出发观察刑事实践中检察听证的各种问题,构建一个平衡的三方听证结构。然而,在实践中最为常见的问题就是检察官对自身职能的认识错误,将检察职能中打击犯罪的职能放在了保障人权的前面,这导致的结果是检察官在听证程序中更倾向于侦查机关一方,再加之检察官提前阅读了侦查机关所提交的材料并在听证程序开始前就提前形成了心证,从而使得整个听证程序成了有"预演"的讯问,这显然违背了检察院作为法律监督者在刑事检察听证中应当保持中立态度的原则。

第二,检察官作为公诉机关本身具有调查取证的权力,然而检察听证的活动又需要检察官扮演一个中立的角色,法谚有云:"任何人不得成为自己的法官。"检察院一方既作为打击犯罪的公诉机关行使了调查权,又在听证程序中作为听证主持人担任法律监督者,这往往导致其难以做到听证中的公平公正,况且在实践中主持人和调查案件情况的检察官通常是同一人,二者的职能之间出现严重的竞合;在实践中未建立严格的职权回避制度,这也使得检察官在听证案件中更倾向于自己已经调查的证据,而忽视辩护方所提出的对犯罪嫌疑人有利的证据,由于作为听证制度中本该中立一方的检察官对双方的态度有失偏颇,听证制度的公开公正的监督作用也会受到影响。尽管实务中部分案件的听证程序的主持人是检察长,而不是具体承办案件的检察官,这一现象的确有益于消除上述之影响,但由检察长主持听证程序并未形成常态,而仅是例外,因此,难以在根本上解决检察程序公正的问题。

第三,证明标准和证明责任存在问题。在刑事案件中,一般在羁押必要性审查案件、拟不起诉案件、刑事申诉案件中适用听证制度。由于刑事案件三方身份的特殊性以及能够适用检察听证的程序更为广泛,因此更应当对证明标准问题进行明确,然而,法律并未明确统一在适用中采用何种证明标准,例如在羁押必要性审查中,有学者提出,听证应以逮捕必要性的证据审查为主,主要审查

"辩方"提供的证据,①由于是被告引起该程序,根据诉讼的一般原则,应当由被告来提出主要的证据进行证明,但是由于侦查机关在侦查阶段掌握了绝对的主动性,使得被告人难以对非法证据问题提出相关证据。相较而言,对于拟不起诉案件,由于不起诉决定的作出会导致侦查机关承担不起诉的不利后果,因此是否应当由侦查机关承担应当起诉的证明责任? 除此之外,证明责任应当达到何种程度、各种程序之间双方证明责任是否相同等等,都是实践中应当解决的问题。

(二) 民事、行政检察听证

将民事检察听证和行政检察听证放在一起进行讨论主要是由于民事诉讼程序和行政诉讼程序具有一定的相似性,且在这两类案件中检察院通常仅仅作为法律监督机关,适宜将两种案件中的听证程序进行合并讨论。具体实践问题如下:

第一,听证程序的举行不具有强制力,当事人配合度不高。② 在民事和行政案件中,检察院的身份不同于其在刑事案件中具有程序上的必要性的身份,检察院仅仅以法律监督者的地位举行听证,这使得检察院在民事行政案件中难以具备司法强制力。就出席诉讼程序而言,即使当事人在民事、行政诉讼庭审过程中不出庭,一般也很少存在强制其出庭的措施。更何况在民事、行政案

---

① 张琳:《逮捕条件的证明规则——以侦查阶段审查批准逮捕程序为视角》,《华侨大学学报(哲学社会科学版)》2018 年第 5 期,第 98 页。

② 《江苏南京检察机关开展民事检察听证工作之实践》,http://www.jcrb.com/xueshupd/jcjj/202007/t20200701_2175217.html。最后访问日期:2021 年 1 月 13 日。

件中,检察听证往往适用于民事诉讼监督案件、行政诉讼监督案件,即使不出席听证会议,这也仅仅只能引起审判监督程序的发生,最终裁量权仍然被握在法院手上,不会导致实体上败诉的后果,这也导致实践中出现当事人一方不愿意出席听证会议的情况。检察院在民事和行政诉讼程序中较为尴尬的地位直接导致了当今听证制度在民事和行政案件领域实践中仍不具备程序上和实质上的强制力。

民事、行政检察听证在实践中出现各审级、各地域适用检察听证不均衡的情况。在审级上,民事案件的检察听证多数集中在中级人民法院,而非数量较多且处理案件较多的基层人民法院;而在地域上,云南省、山东省、江苏省、重庆市适用民事检察监督最为广泛,其适用民事检察监督的数量合计占据全国总共数量的85.7%。[①] 极其不均衡的分配体现了两个问题,一是从审级来看,基层案多人少的问题仍然存在,而这个原因直接导致了基层检察院不愿意去变革司法程序。二是从地域来看,检察听证适用主要集中在个别听证制度发展比较完善的省份,各地对于听证制度的认可度不同导致了这种结果,要解决这种问题还需各地司法机关加强对于听证制度的学习和认识,不断加强听证制度的实践运用。

(三)公益诉讼听证

在公益诉讼中,检察院处在以公权力保护私权利的地位,公益诉讼的特殊性决定了公益诉讼检察听证独有的问题:

---

① 李大扬、滕艳军:《民事检察听证制度实证研究分析》,《中国检察官》2019 年第 13 期,第 55 页。

实践中没有划清公益诉讼案件同一般的民事、行政案件的界限,虽然公益诉讼属于民事、行政诉讼,但是不同于一般民事、行政诉讼,公益诉讼既保护了环境这一公共利益,同时也保护了公民的新兴人权即环境权,因此公益诉讼既保护公权力也保护私权利。故而,相较于一般的民事、行政诉讼,公益诉讼的听证程序应当更加公开,且公众的参与度应该更高,这应当表现在听证人员的选任以及听证过程旁听的参与度上。

第二章

刑事检察听证程序的反思与重塑

| 第一节 | 问题的提出

听证工作规定首次在正式的法律文件中强调建立统一的检察听证程序。作为听取利害关系人意见的程序,其常见于立法、行政程序,在司法程序中适用较少。实务中听证程序基本上是"零碎"地引入刑事检察中,即检察机关仅在行使部分刑事检察权时灵活运用听证程序,现有理论也几乎是从微观角度而不从整体视角对刑事检察听证进行探讨,例如,不起诉刑事检察听证与刑事申诉检察听证。《听证工作规定》施行后,刑事检察听证程序得以在实务中运行,实有必要从另一个角度——整体视角,重新对听证程序在刑事检察中的运用进行进一步研讨,把握刑事检察听证程序的历史脉络,掌握其内在发展逻辑,对其进行价值分析,并在此基础之上,对《听证工作规定》的程序构造进行解释分析,以期对刑事检察听证今后之完善有些微作用。

第二节 刑事检察听证的历史发展

相对于行政、立法程序中的听证,检察环节中引入听证程序的时间相对滞后,其始于1999年10月最高人民检察院通过的《人民检察院办理民事行政案件公开审查程序试行规定》,尽管该规定中并没有提及"听证"一词,但其中的规定,"公开听取当事人陈述",涉及到听证的核心涵义,即听取利害关系人的意见。而有关刑事检察听证的规定首次见于2000年最高检颁发的《人民检察院刑事申诉案件公开审查程序规定(试行)》。本节通过对近20年刑事检察听证在我国司法实务的运行情况进行梳理,大致可将其发展过程归纳为三个阶段:

一、初创阶段(2000年—2012年)

刑事检察听证的初创阶段大致以2000年最高人民检察院颁发《人民检察院刑事申诉案件公开审查程序规定(试行)》为始,直至2012年《人民检察院刑事申诉案件公开审查程序规定》(以下简称《公开审查规定》)的实施。这一时期刑事检察听证并不是以一项独立的检察制度,而是作为检务公开的重要内容得以推进,最高检在这一阶段先后颁布的重要文件几乎不涉及刑事检察听证,更多涉及的是检务公开;理论上对刑事检察听证的研究也更多是将重心放在论证其作为检务公开的一项重要手段的合理性与可行性,即其工具价值,认为检察听证契合了检务公开背景下案件公开审查的新探索,是检务公开的重要内容,目的是通过听证消除诉讼参与人和社会公众对于检察工作的神秘感,使检察工作更加公开、透明,从而保障公正执法,提高检察机关的公信力和权威。[①] 而对于刑事检察听证的独立价值则有所忽略。此外,在司法实践中,尽管偶尔有地方检察院探索将听证程序引入刑事检察业务之中,例如 2001 年福建泉州市两级检察机关针对存在较大争议、在当地有较大社会影响的拟不起诉案件,举行公开听证的形式予以审查;[②]2009 年海南省人民检察院举行首次刑事申诉案件听证会,[③]但认真观察总结这一时期地方检察院对刑事检察听证的"先行探索",我们将会发现其适用范围较窄,主要集中在刑事申诉、刑事拟不起诉案件,而对于最应当引入听证程序的审查逮捕以及羁押必要性审查环节,有益的探索并不多见。

二、积极探索阶段(2012 年—2020 年)

这一阶段大致以 2012 年《公开审查规定》《中华人民共和国刑事诉讼法》(以下简称《刑事诉讼法》)的施行为开端。在这一时期,刑事检察听证开始摆脱作为检察机关贯彻检务公开之工具的地位,特别是《公开审查规定》的制定,将举行听证会作为检察机关公

---

① 杨慧亮、高一飞:《检察听证制度的规范化建设》,《人民检察》2014 年第 15 期,第 50 页。

② 邱景辉:《泉州市两级检察机关全面推行不起诉公开审查制度》,《泉州晚报》2001 年 6 月 27 日,第 3 页。

③ 刘国媛:《刑事检察听证制度的"理"与"法"》,《法学评论》2015 年第 1 期,第 177 页。

开审查刑事申诉案件程序之一,规定了听证程序的各项具体内容。除了刑事申诉案件外,有些地方的检察机关也在积极探索,将听证程序运用于其他刑事检察领域。例如,2013 年 5 月,武汉市蔡甸区人民检察院就为一起盗窃案件的犯罪嫌疑人是否具有羁押必要性举行公开听证。[①] 我们在四川省乐山市犍为县检察院调研时也发现,该院除了对某些重大的刑事申诉案件举行听证进行公开审查外,还曾对一起未成年人犯罪案件是否应当逮捕羁押嫌疑人举行了不公开听证。这些现象意味着检察听证逐渐成为一项独立的制度被讨论,但由于地方检察机关的探索缺乏统一规范指导,导致各地举行的刑事检察听证程序差别较大。例如听证范围与听证人员,就前者而言,由于没有统一规范对刑事检察听证的适用范围进行规定,导致实务中对于哪些刑事案件应当举行公开听证,而哪些刑事案件不应公开听证或者不举行听证,在适用上具有较大的随意性。就后者而言,实务中检察机关在探索刑事检察听证时,听证员的组成存在很大区别:有的检察机关为了体现刑事检察听证程序的民主性,邀请了人民监督员、人大代表、政协委员、廉政监督员参与听证;[②]而有的地方检察院为了体现听证程序的专业性,主要邀请法学专家、社会学专家担任听证员;[③]还有地方检察院出于司

---

① 《湖北武汉蔡甸检察院听证制度让批捕羁押有了人情味》,http://www.jcrb.com/procuratorate/jckx/20130516_1113058.html. 最后访问日期:2020 年 11 月 10 日。

② 李大泽、李健、刘维:《长乐检察院出台听证制度》,《海峡都市报》2010 年 4 月 8 日,第 3 页。

③ 邱景辉:《泉州市两级检察机关全面推行不起诉公开审查制度》,《泉州晚报》2001 年 6 月 27 日,第 4 页。

法成本的考虑,聘请有任期的专业听证人员参加听证。[1] 而听证程序的不统一无疑将损害检察公信力。此外,这一阶段的刑事检察听证还存在着"重程序轻实体"现象,即各地检察机关在试行刑事检察听证过程中,重点关注的是听证的民主功能,追求听证的透明,公正合理,简言之,就是更注重听证的形式功能;相反,对于听证的执行性功能,却往往重视不够,即对于听证结果的适用问题缺乏严格的规范,导致听证结果是否得以适用往往取决于听证主持人个人的意志。[2]

三、建立完善阶段(2020 年 10 月至今)

2020 年 10 月 20 日,最高人民检察院发布了《听证工作规定》,标志着经过近二十年探索,刑事检察听证程序正式走向统一。该规定的具体内容可以说是建立在前期积极探索阶段所取得的成果之上,其明确规定了刑事检察听证的具体范围、听证参与人员的构成及选择、听证会程序等,基本解决了在探索阶段存在的问题,这对检察机关后期进一步开展听证工作具有积极之意义,特别是在听证的内容上,《听证工作规定》根据刑事案件类型的不同而采取区别对待的方法,例如,对于拟不起诉案件、刑事申诉案件,听证的内容是事实认定、法律适用及案件处理等方面;而审查逮捕案件以及羁押必要性审查案件,其听证内容为核实评估犯罪嫌疑人是否

---

① 金增、吕良芳、付效娜:《检察开放日举行拟不起诉案件听证会》,《检察日报》2012 年 8 月 20 日,第 37 页。
② 刘国媛:《刑事检察听证制度的"理"与"法"》,《法学评论》2015 年第 1 期,第 179 页。

具有社会危险性、是否具有社会帮教条件,因为,根据《刑事诉讼法》第 88 条的规定,对于此两类案件,检察机关主要审查的是其是否具有羁押的必要性。这种差别对待的方法无疑是符合实际需求的。尽管《听证工作规定》的实施具有正向意义,但纵观其内容,对于一些实务中已经存在的刑事检察听证问题仍然没有规定,仍需在后期的实践中积极完善。例如,《听证工作规定》第 4 条明文规定了刑事检察听证的范围,但对于是否举行听证程序来审查刑事检察案件,赋予了检察机关自由裁量权。也因此,对于是否举行听证程序,由具体检察机关来决定,而由于举行听证将会耗费一定的财力、人力,且《听证工作规定》第 20 条明文规定了听证期间计入办案期限,这将直接导致具有裁量权的办案检察官大都不愿意举行听证。我们在调研的过程中也发现了承办人员一般都不愿意举行检察听证,其举行听证的最大动因是由于上级机关安排的"听证工作"。另外,对于检察听证中证据规则、如何保障嫌疑人或被告参加听证程序以及保障其得到法律帮助问题等,这些都在《听证工作规定》中付之阙如,需要在后期予以完善之。

第三节 | 刑事检察听证程序之价值分析

通过对刑事检察中听证程序历史发展脉络的梳理,可见,作为检察听证的一部分,刑事检察听证经历了从无到有、从附庸于检务公开到取得独立地位,并将继续发展完善的过程。这一发展历程也说明了刑事检察听证作为一项独立检察制度具有内在合理性。

而其具有内在合理性，并不能证成其具有正当性，一项制度具有正当性，不仅要具备内在合理性，还要具有外在的价值。对其价值进行分析，将使我们真正了解刑事检察听证程序的功效以及依此对《听证工作规定》内容的得失进行评析，进而为我们解决实务中有关刑事检察听证的疑难问题提供指引。

一、了解相关案件情况及收集证据

在我国刑事司法语境下，检察权主要包括了审查批捕权、羁押必要审查权、提起公诉权等。检察机关作为侦查机关与审判机关的中间枢纽，尽管其依法做出的决定并不像法院的裁判具有确定力（检察机关做出的不起诉决定是否具有确定力理论上存在争议），但无疑亦关系着犯罪嫌疑人或被告人重大的人身利益，例如通过行使审查批捕权做出的决定，意味着犯罪嫌疑人或被告人的人身自由权是否将遭受短期剥夺。因此，刑事检察权必须要谨慎行使，检察机关做出的每一项决定须具有充分的事实理由依据。理论上，作为法律监督机关，检察官在做出每一项决定之前，须要进行充分调查，既要调查收集不利犯罪嫌疑人或被告人的证据材料，也要注意有利于犯罪嫌疑人或被告人的证据，做出的决定也必须是基于前述客观的证据材料之上。但实务中，部分检察官的做法却与之相左，做出的决定是以侦查机关移送的案卷材料以及自己前期收集的材料为基础，而由于侦查机关基于打击犯罪的任务，重视有罪证据，忽视无罪证据、罪轻证据，故其移送的案卷材料中，绝大部分内容属于不利于犯罪嫌疑人，这直接导致了检察机关的决定并不是基于充分的证据材料。尽管我国《刑事诉讼法》有要求检察机关询问当事人、听取诉讼参与人意见的明文规定，①但对于是否询问诉讼参与人以及是否听取辩护律师的意见，法律明文赋予了检察机关自由裁量权，从而导致了对于是否询问、听取意见成为检察官的自由。且实务中部分检察官因各种主、客观原因，从而会在心理上有意、无意地更加注意犯罪嫌疑人或被告有罪的证据材料，忽视有利于嫌疑人的材料。若检察机关做出的决定基于上述的单方面材料，其正确性、合理性难以得到保证。与检察机关相对应，被告一方或者利害关系人手中往往掌握一些对检察机关将做出的决定有重大影响的信息，但却缺乏向检察机关展示其信息的"平台"，从而导致这些"宝贵"的信息无法成为检察机关做出相应决定的依凭。

故要解决这一困境，首先需要部分检察官纠正对自身角色的错误定位，即检察官并不是打击犯罪的"急先锋"，而是作为法律的守护人，使客观的法意旨贯穿刑事诉讼程序，而所谓的客观法意旨，除了追诉犯罪之外，更重要的是保障民权。② 检察官的职务，一如法官的职务，乃以法律价值为依据，即只以真实性以及公正性为价值取向，而不问行政的需求。③ 检察官是法律的守护人即以法律的真实性及公正性为价值取向，决定了其做出的每一项涉及到相关利害关系人切身利益的裁定，都必须要建立在充分的材料依据上，而最能够有力保障其获得充分信息材料的平台，无疑属于听证程序。因为听证程序设立的初衷就在于提供一个平台给予利害关系人提出不同意见，从而保证经过听证做出的决定是基于充分的

---

① 《刑事诉讼法》第 88 条、173 条。
② 林钰雄：《刑事诉讼法》，新学林出版社，2019 年版，第 131 页。
③ ［德］克劳斯·罗科信著：《刑事诉讼法》，吴丽琪译，法律出版社，2003 年版，第 66 页。

信息材料。刑事检察听证，就是在这一现实需求中应运而生，从其初创、探索，到如今的正式成立，其中最为重要的价值之一就在于让检察权的行使建立在充分的信息材料之上——让逮捕及羁押必要性审查的决定者获取更多的、更全面的信息，由来自犯罪嫌疑人、被害人及其律师的信息来判断是否有必要羁押，可否采取取保候审、监视居住等非羁押性措施，做到兼听则明、居中裁决，从而在羁押与采取非羁押性的替代措施之间做出正确的决定。[①] 让刑事申诉案件以及不起诉案件的决定者充分听取侦查机关和犯罪嫌疑人、被害人以及犯罪嫌疑人、被害人委托的人等对案件的处理意见，为人民检察院对案件如何处理申诉案件及不起诉案件提供参考。[②] 刑事检察中引入听证程序，符合了检察官的角色定位及其行使检察权的要求。

二、提高检察公信力

检察公信力是指对于检察机关依据职务做出的决定，得到公众普遍尊重与认同的程度。而一项决定欲取得公众普遍信赖，需要从该决定的两个角度切入，一为实体内容的正确、合理，二为做出决定之程序公正。检察机关的决定内容之正确与合理，需要从两个方面予以保障，即决定所依凭的信息材料之全面性以及对决定者自由裁量权之适当约束，前者在上文业已论述。后者在不同

---

① 李志雄：《检察机关逮捕权制约机制的反思与重构》，《河北法学》2009 年第 12 期，第 172 页。

② 上海市闵行区人民检察院课题组：《第三方参与不起诉案件公开审查机制实证研究》，《上海公安学院学报》2020 年第 4 期，第 68 页。

的时期有不同的要求：在检察制度初创阶段，由于设立检察制度最为重要的原因在于根绝纠问式模式下法官的集权，致使法官心理难期公正、权力无所节制以及被告无所防御之弊端，[1]即"法官既是控诉者，又是审判者"。因此，在这一历史阶段，检察官职责的履行受到法定原则的严格限制，其自由裁量的事项十分有限。但随着经济社会发展，社会关系日趋复杂，立法更多地适用无固定内容的标准和一般性条款，比如逮捕条件之一的"社会危险性"，羁押必要性审查中的"不需要继续羁押"，不起诉条件"情节显著轻微""情节轻微"等等。[2] 而这些事项毫无疑问都需要赋予检察官自由裁量权进行具体判断，但由此又产生了如何约束检察官裁量权之问题。至于保障程序公正最好的措施，无疑便是将决定过程予以公开，正如法谚有云"正义不仅要实现，而且要以看得见的方式予以实现"[3]，所谓的"看得见的方式"即是指程序的公开。

而无论是检察机关自由裁量权之约束，还是决定程序的公开，通过在刑事检察中引入听证程序都能得以解决。首先，检察官自由裁量权之滥用往往在于其属于追诉者的职业立场以及基于人性之弱点，从而导致在某些案件中，其将会固执地坚持自己之"偏见"，或者忽视某些关键性事实，从而导致做出的裁决丧失公正性。而检察听证的公开性和参与人员的广泛性，能够促使检察官谨慎思维，理性决策，即有助于实现自由裁量权的制衡。[4] 听证程序所

---

① 林钰雄：《刑事诉讼法》，新学林出版社，2019 年版，第 130 页。
② 刘国媛：《刑事检察听证制度的"理"与"法"》，《法学评论》2015 年第 1 期，第 176 页。
③ 陈瑞华：《看得见的正义》，法律出版社，2018 年版，第 6 页。
④ 杨惠基：《听证程序概论》，上海大学出版社，1998 年版，第 20 页。

具有的抑制、分工、间隔等功能将对自由裁量权进行制约，帮助检察官开阔视野、打开思路、避免单一性思维之局限性，并促使其在行使自由裁量权时进行理性之选择。[①] 其次，对于裁决程序的公开而言，曾作为贯彻检务公开重要手段之检察听证，公开可以说是检察听证固有之内涵，在此不赘。但对于审查逮捕以及羁押必要性审查听证而言，其程序之公开有特殊性，有观点认为逮捕听证程序不宜公开，一方面是由于逮捕只处于刑事侦查的初期，应当保守侦查秘密，另一方面也是为了保护犯罪嫌疑人及其家属，避免他们受到影响。[②] 但笔者认为，公开可以具体划分为两种形式，即对利害关系人之公开以及对社会公众之公开。前者是指检察机关在举行听证程序时，为了保密起见，只允许利害关系人（侦查人员、当事人）参加，不向社会媒体开放，例如，对未成年人案件举行的听证，仅能有利害关系人参与，而不对社会公开。而后者则是指媒体可以对听证程序进行转播，让社会公众了解听证情况。显然，对于审查逮捕以及羁押必要性审查听证而言，应采用以仅向利害关系人公开为原则，在特殊情况下，也可以对社会公开，而对于其他裁决程序，应以向社会公开为原则。而无论刑事检察听证采用哪种公开方式，将有效保障人民群众对检察工作的知情权、参与权、表达权、监督权，促进公正司法，提升司法公信力。[③] 由上述可见，刑事检察中引入听证程序，将会通过保障检察机关做出裁决的内容正确、合理以及程序之公正性，从而提升检察公信力。

---

① 刘国媛：《刑事检察听证制度的"理"与"法"》，《法学评论》2015 年第 1 期，第 176 页。
② 马珊珊：《论审查逮捕制度诉讼化改革》，《警学研究》2020 年第 1 期，第 97 页。
③ 张宝印：《刑事申诉案件公开审查制度的建构》，《人民检察》2018 第 16 期，第 35 页。

三、提升诉讼效率

对于刑事诉讼程序来说,除了查明事实真相、保障基本人权两个价值目的外,还有一个整体目的,即"快速裁判",即快速推进诉讼程序。[①] 有的人质疑,在刑事检察听证中引入听证程序并不能提高诉讼效率,相反,会造成诉讼程序的拖沓。因为,在刑事检察阶段再增设一个听证程序,将会使检察机关投入更多的人力、物力,增加了司法成本,从而不利于实现刑事诉讼效率价值。实际上,从表面上来看,听证程序之运用似乎不利于诉讼效率的提升,因为同样是同一个案件,在加入听证程序之后,意味着承办案件之检察官的工作负荷将进一步增大。但若我们从实质层面,即从整个诉讼程序进行考察,我们将会发现,虽然在刑事检察这一阶段,司法成本增加,诉讼效率较从前降低,但整个诉讼程序,司法成本的投入却相较引入听证程序之前更加少,诉讼效率也得到提升。以审查逮捕引入听证程序为例,听证程序作为事前监督程序,能在逮捕决定前尽可能减少侦查中的失误,还可以起到防止滥用逮捕权,以捕代侦的效果,从而避免因错捕决定导致诉讼成本的更大浪费,还可以进一步避免耗费时日的侦查、审查起诉、审判或审判监督程序的程序启动。从这个角度看,听证程序实际上节约了司法成本,符合刑事诉讼公正最大化和效率最大化的双需求。[②] 比如,对于拟不起诉刑事案件而言,在检察起诉阶段对此类案件举行听证会,其重要

---

① ［日］田口守一著:《刑事诉讼法》,张凌、于秀峰译,法律出版社,2019 年版,第 30 页。
② 彭志刚:《试论我国审查逮捕听证程序的建立》,《中国司法》2011 年第 9 期,第 104 页。

目的在于检察机关通过听取相关利害关系人对于事实认定、法律适用等的意见，在此基础之上，若认为确实存在不起诉事由，符合法定不起诉情形的，应当或者可以做出不起诉决定。在检察起诉阶段做出不起诉决定，将一部分无罪或者犯罪情节轻微、不需处以刑罚之案件通过检察机关行使不起诉裁量权挡在庭审之外，其起着程序分流之作用，意味着人民法院将不会再花费一定的人力、物力开启审判程序，对被告之犯罪行为做出判决，破解了目前法院存在的"案多人少"之困境。因此，虽然刑事检察中引入听证程序，将会造成刑事检察阶段之程序拖延，增大司法成本之投入，但从整体诉讼程序之视角，其将有利于减少司法成本，提高诉讼效率。

｜ 第四节 ｜ 刑事检察听证的程序构造

上文已论述听证程序在刑事检察中运用，不仅利于检察官收集证据信息，做出正确的决定，提高检察公信力，还利于提升诉讼效率。然而，一项制度具有存在价值并不意味着该项制度必须得以实施，制度的实施需要相应程序予以支撑。听证制度亦如此，其要在刑事检察中很好地适用，须有具体的程序构造。不同的听证程序之构造，将会影响听证在整个刑事检察中的效果。可以说刑事检察听证的具体程序构造问题关乎该项制度之"生命力"。但由于刑事检察听证的程序构造精密复杂，笔者很难巨细无遗地进行阐述，且在《听证工作规定》出台之后，对刑事检察听证的具体框架都进行了较为完整的设计。因此，笔者在此仅阐述《听证工作规定》在程序构造方面的不完善之处。

一、听证程序的启动

根据《听证工作规定》第 4 条、第 5 条、第 9 条之内容,对于刑事检察听证程序的启动,似乎存在两种模式:检察机关依职权启动,依当事人之申请启动。但通过分析发现,尽管第 9 条明确规定对于当事人及其代理人、辩护人明确申请召开听证程序的,人民检察院应当及时做出决定,但其仅是要求检察机关应当"做出决定",并不必然带来听证程序之举行。因为,"决定"中既包括"举行听证程序的决定",亦包括"不举行听证程序之决定"。这就意味着,对于当事人提出的申请,检察机关依然可以以某种理由做出不举行听证程序之决定,即,对于是否通过启动听证程序听取当事人的意见、核实案件相关情况具有自由裁量权。而正如上文所提到的,由于举行听证程序将会损耗一定的人力、财力,且听证的期间将计入办案期限,无形中增加了检察官的工作量,致使检察官缺乏启动听证程序之动机,将可能致使刑事检察听证程序的举行成为例外,且《听证工作规定》还为检察官规避举行听证程序提供了"合法的外衣"。因此,刑事检察听证程序的启动问题需要引起我们格外的注意。对于这一问题,有学者从羁押必要性审查的视角提出,对于犯罪嫌疑人、被告人及其法定代理人、近亲属或者辩护人提出申请或者看守所提出建议的案件,则不应受这些范围所限,都应及时启动听证程序来对犯罪嫌疑人、被告人是否需要继续羁押进行审查。[①] 即对于

---

① 马莹莹:《羁押必要性审查工作机制试点探索》,《中国检察官》2017 年第 2 期,第 62 页。

当事人提出的启动听证程序之申请,检察机关并没有自由裁量权,都应"及时"启动听证程序。显然,为了避免刚建立的刑事检察听证程序因检察官过大的自由裁量权所"架空",最好的方式为在法律文本中明文规定对于当事人提出的启动听证程序之申请,原则上应当举行听证程序。因为,按照正常的思维逻辑,法律中的"可以"一词意味着自由裁量。

但《听证工作规定》刚实施不久,贸然提出修改意见并不具有可行性,我们需要做的是正确解释并适用其内容。通过对包涵听证程序启动权的第 4 条、第 5 条以及第 9 条之内容的观察,将会发现,《听证工作规定》对于检察院启动听证程序权力之规定,用的是"可以",即"人民检察院可以召开听证会"。因此,对"可以"一词的解释至关重要。在法律文本中,"可以"具有多种含义,即能表示"许可"或"允许",亦能表示"资格",还能表示"授予权力"等等,不同的解释将使同一法律条文具有不同的含义。① 如若将"人民检察院可以召开听证会"中的"可以"解释为"允许"的话,则意味着检察机关对符合条件的刑事案件是否举行听证程序具有裁量权,即其也可以对满足条件的刑事案件不举行听证程序。但若将这里的"可以"解释为"授予权力"的含义时,就意味着检察机关对于满足法律规定条件之刑事案件,应当举行听证程序来听取当事人的意见,审查核实相关情况,即此时不能随意解释为"可以不",而是应该解释为"应当",即法律所赋予的既是权力,又是义务,既是职权,又是职责,对于该职责,公权力机关必须履行而不得

---

① 万毅:《刑事诉讼法文本中"可以"一词的解释问题》,《苏州大学学报》2014 年第 2 期,第 106 页。

放弃。① 显然,刑事检察听证程序的启动是《听证工作规定》赋予检察机关的一项"权力",因此,对于符合法律明文规定须举行听证的刑事案件,无论是依职权,还是依当事人的申请,其都应当启动听证程序,否则,即属违法。

二、听证程序之设计

不同的程序选择背后,都有不同的理念予以支撑。所持的理念不同,具体的程序构造就会存在差异性。这种支配着听证程序设计的理念,在此姑且称之为听证程序选择之标准。为了更为深入了解《听证工作规定》的程序构造,并提出其需要完善之处,我们首先需要对听证程序选择标准进行分析取舍。并基于此,确立我国的听证程序选择标准。根据该标准,构建繁简得当的听证程序体系。

(一) 听证程序选择之标准

对于刑事检察听证之程序构造问题,理论上似乎并未有统一的声音,有的认为听证程序之构建应当采取诉讼模式,应建立在一种"准庭审"的架构基础上,即采用诉讼程序中双方对抗、主持人居中的结构模式;听证中,主持人听取听证双方的陈述,询问证人,听证双方可对证人质证,并进行辩论;这样,控、辩双方的证据在听证中都得到充分的展现,并就其真实性和关联性进行讨论,有利于发

---

① 万毅:《刑事诉讼法文本中"可以"一词的解释问题》,《苏州大学学报》2014 年第 2 期,第 108 页。

现真相,为检察机关做出正确决定提供重要参考。① 这种观点主张
听证程序的构建应当尽量具体详细,才能充分保障当事人进行辩
论,便于检察机关收集信息,做出正确的决定。而与此相对,有的
观点以审查逮捕听证为例,认为检察听证与法庭审判不同,没有必
要设置争议各方发问、辩论的环节,因为,开展审查逮捕听证的目
的并不是对案件做出实体性裁断,无需在该环节就案件的全案证
据和事实进行辩论;听证的主要意图是给予各方充分发表意见的
机会,在各方意见陈述和表达中为检察官提供更加充分、全面的信
息。② 而有的则主张较为折衷的做法,认为检察听证程序应根据案
件之不同分别适用普通听证程序与简易听证程序。③

《听证工作规定》第 9 条至第 20 条对听证会启动方式、听证会
前准备、听证会具体程序步骤以及听证结果的拘束力进行了详细
规定,统一了刑事检察听证程序构造,改变过去不同检察机关适用
不同听证程序的做法,为检察机关运用听证程序来处理案件时提
供了指引,无疑具有积极的进步意义。但是统一的听证程序构造
似乎忽略了实务中刑事案件类型及案件事实复杂程度之差异性。
因为,根据《听证工作规定》第 4 条、第 5 条之规定,在刑事检察中,
人民检察院可以运用听证程序的刑事案件,包括了羁押必要性审
查案件、审查逮捕案件、拟不起诉案件、刑事申诉案件及未成年人
案件等五种类型,而这五种类型不同的案件中,每个具体案件的事

---

① 李瑞芝:《刑事申诉案件公开听证程序的路径构建——以聂树斌案公开听证为借鉴》,《中国检察官》2017 年第 9 期,第 52 页。
② 蒋智:《强化审查逮捕听证程序制度保障》,《检察日报》2020 年 9 月 21 日第 3 版,第 1页。
③ 肖中华:《审查逮捕听证制度研究》,《法学杂志》2013 年第 13 期,第 98 页。

实复杂程度又各有不同,若是忽视这些差异而统一适用同种类听证程序,无论是对于司法成本,抑或是对于诉讼效率来说,无疑都是巨大的挑战,更何况该规定第 20 条明确规定了检察听证的期间计入办案期限,将会更加增大检察机关工作量。故笔者主张,在刑事检察听证中,应将刑事检察听证程序分为普通听证程序与简易听证程序。根据案件的复杂程度不同,分别适用繁简有别的程序,对于复杂的刑事案件需要举行听证会的,可以适用普通听证程序,对于简单的刑事案件,应当适用简易听证程序。

(二) 简易听证程序

对于普通听证程序,《听证工作规定》第三章业已具体规定,不需要过多的赘述。所需要讨论的是,何为简易听证程序? 顾名思义,简易听证程序是对普通听证程序的简化,即对一些简单刑事案件的处理需要举行听证会时,可以省略某些程序步骤。至于程序构造,有的认为,简易听证程序即是侦查机关、犯罪嫌疑人无需参加,检察机关仅需当面听取辩护律师、被害人意见即可,此时基本适用律师介入制度的程序。[1] 有的根据最高人民检察院 2011 年通过的《人民检察院刑事申诉案件公开审查程序规定》第 4 条的内容,认为简易听证程序包括公开示证、公开论证,其是公开听证形式的补充,并可以是公开听证的某个环节,也可以根据案件需要作为单独的程序进行,以便简洁、高效办理案件。[2] 笔者主张,刑事检

---

[1] 彭志刚:《试论我国审查逮捕听证程序的建立》,《中国司法》2011 年第 9 期,第 105 页。

[2] 尹伊君:《"人民检察院刑事申诉案件公开审查程序规定"理解与适用》,《人民检察》2012 年第 4 期,第 35 页。

察中的简易听证程序是一个相对概念,其是为了适应实务中复杂程度各异的刑事案件,使检察机关在开展公开听证时,得以主动突破传统听证模式的束缚,根据不同案件灵活选择有针对性的听证方式。因此,只要相对《听证工作规定》第五章所规定的普通听证程序来说,具体程序步骤有所简化的,都可以称之为简易听证程序,例如以下两种具体类型,即"背靠背"的听证形式、"单方面听取意见"的听证形式。"背靠背"的听证形式是根据案件具体情况,采取听证员分别听取当事人意见的形式,即当事人之间不发生辩论,也不存在交叉询问的情形,双方先后到场表述意见,主持人和听证人员则分别听取各方意见并就有关问题分别发问,[①]从而在此基础上做出裁决。相对普通听证程序来说,"背靠背"听证方式省略了双方当事人针对个别问题的辩论,也在一定的程度上杜绝了当事人间互相干扰。"单方面听取意见"的听证形式是指根据案件的具体情况,只需要听取一方当事人意见的听证形式。例如,根据《听证工作规定》第 4 条第 2 款,审查逮捕案件举行听证会之听证内容是"核实评估犯罪嫌疑人是否具有社会危险性、是否具有社会帮教条件",而实务中对于嫌疑人具有社会危险性、不具有帮教条件,侦查机关在申请批准逮捕时都提供了充分的证据予以证明,相反,对于有利于嫌疑人的信息材料,基于侦查机关诉讼角色,其常有意或无意忽视。因此,对此类案件举行听证会,主要目的在于在听取嫌疑人一方的意见。故而,若案情简单,检察机关需要举行听证会对嫌疑人是否具有羁押的必要性进行审查时,可以采取此类仅听取

---

① 李瑞芝:《刑事申诉案件公开听证程序的路径构建——以聂树斌案公开听证为借鉴》,《中国检察官》2017 年第 9 期,第 50 页。

一方当事人意见之简易听证程序。这种简易听证程序并没有超出听证的具体内涵,因为,听证本来即是指听取将受到裁决不利影响之利害关系人之意见。

但《听证工作规定》对简易听证程序并没有明文规定,且其刚实施不久,试图建议修改该规定并不具有现实可能性,因此,我们需要另寻途径来解决该问题。无疑法律解释即是解决这一问题的最佳途径,法律解释系指法律规定并不明确时,以文义、体系、法意、比较、目的或合宪等解释方法,探究法律之规范意旨,旨在澄清法律疑义,使法律含义明确化、正确化。[①] 通过对《听证工作规定》第 15 条进行文义解释,可以得出该法律条文的内容不仅包括普通听证会之程序,亦涵括了简易听证程序。第 15 条规定:听证会一般按照下列步骤进行……,这里使用"一般"的用语,表明还存在"特殊",即,在某些特殊情况下,听证会可以不按照《听证工作规定》的程序步骤来进行。这样的规定无疑给予检察机关根据案件情况,自由灵活选择更为适宜的听证程序提供了法律依据。故而,在某些特殊情况下,检察机关选择上述的"背靠背"之听证形式、"单方听取意见"之听证形式及其他更为简易的听证程序,并不违背《听证工作规定》明文规定。

三、刑事检察听证程序的证据规则

刑事检察听证程序之另一个重要问题是证据规则,证据规则是指确认证据的范围、调整和约束证明行为的法律规范总称;其中

---

① 杨仁寿:《法学方法论》,中国政法大学出版社,2013 年版,第 136 页。

证明是指用证据再现某种事实,①也即是说只要存在证明活动,就应有证据规则。而在刑事检察听证程序中,往往需要对某些事实予以证明,例如,在审查逮捕听证程序中,当事人就需要对犯罪嫌疑人是否具有社会危险性、是否具有社会帮教条件予以证明;若没有相应的证据规则对听证程序中事实认定予以规范,将会导致证明活动产生混乱,影响检察机关做出决定。故刑事检察听证的程序构造不能忽视证据规则。而由于听证程序与庭审程序存在很大差异,前者具有特殊性,致使在听证程序中不能完全适用现有的证据规范。但最高人民检察院刚通过的《听证工作规定》似乎忽视听证程序中证据规范的重要性,并没有对此有任何规定。因此,有进一步讨论的必要性。

(一) 证明责任

对于刑事检察听证程序的证据规则,最为重要的规则莫过于证明责任。证明责任又可以分为客观证明责任与主观证明责任,其中,前者是证明责任的重心,是指待证事实至审理的最后时点仍无法确定或未经证明时的法律效果问题;主观证明责任又称举证责任,其由客观证明责任衍生而来,即当事人为了避免败诉起见,负有以自己之举证活动证明系争事实之责任。② 刑事检察听证程序中的主观证明责任,是指对于听证会需要证明的事实,应当由谁来承担提出证据的责任。以审查逮捕听证为例,即是指对于犯罪嫌疑人是否具有社会危险性或者是否具有社会帮教条件这一待证

---

① [日]田口守一著:《刑事诉讼法》,张凌、于秀峰译,法律出版社,2019 年版,第 443 页。
② 林钰雄:《刑事诉讼法》,新学林出版社,2019 年版,第 524 页。

事实,应当由哪一方举证。对于这一问题,有的主张侦查机关来承担举证责任,但犯罪嫌疑人可以提出证据来反驳侦查机关。[①] 此外,对于作为听证会主持人之检察机关是否负有主观举证责任,大部分认为为确保听证主持人中立的裁判者地位,不宜赋予其(笔者注:检察官)调查取证权。[②] 上述对刑事检察听证程序中的举证责任之所以存在分歧,是因站在对抗制角度对举证责任的解读,忽视了我国刑事诉讼结构偏向于职权主义。在职权主义刑事诉讼模式下,重要的是待证事实是否得以查证。因为若事实处于真伪不明,即将适用无罪推定与有疑唯利被告之原则,结果就是存在放纵犯罪人之可能性。至于是谁提出证据来证明事实,意义并不大,即当事人主义诉讼模式中的主观证明责任问题在职权诉讼模式中,并没有多大之价值。这就是所谓的"刑事诉讼中的裁决直接取决于客观上'什么事实被澄清了',而非主观上'什么人澄清了这件事'"。[③]

同样,在刑事检察听证程序中,重要的并不是由谁提出了证据,而是待证事实是否得以证明。例如,在审查逮捕听证中,重要的是犯罪嫌疑人是否具有社会危险性、是否具有帮教条件、是否在听证程序终了时得以证明,至于这一待证事实是基于被告提供的信息还是侦查机关提供的信息,抑或是检察机关自己收集的信息来证实的,并不具重要性。也即是说,在刑事检察听证程序中,无论是当事人,还是检察机关都可以提出证据。另外,只要存在证明活动,就存在听证会结束时待证事实可能处于真伪不明的状况,而

---

① 何永福:《美国审前羁押听证程序及其启示》,《人民检察》2019 年第 9 期,第 72 页。
② 彭志刚:《试论我国审查逮捕听证程序的建立》,《中国司法》2011 年第 9 期,第 106 页。
③ 林钰雄:《刑事诉讼法》,新学林出版社,2019 年版,第 525 页。

检察机关并不能因事实无法查明而不做决定。因此,当听证程序中的待证事实属于真伪不明时,检察机关该如何做出决定就属于极为重要的问题,此即客观证明责任。对此,有学者认为对案件事实处于真伪不明时,侦查机关应当承担该证明责任,对不利后果的责任应当恒定由其承担。[①] 但其实,对于此问题不能一概而论,应当根据刑事案件类型之不同以及案件的具体情况,由检察官来自由衡量,例如,对于审查逮捕以及羁押必要审查刑事案件,其关乎犯罪嫌疑人的基本人权——人身自由;故当犯罪嫌疑人是否具有社会危险性、是否具有社会帮教条件难以查明时,检察机关可以根据案件的具体情况予以权衡,决定是予以逮捕、继续羁押,还是采取相应的替代措施。而衡量的标准,可以包括案件类型、犯罪事实的严重性、社会影响力、被告权利的侵害等。

(二) 自由证明原则

自由证明是与严格证明相对应之概念,严格证明是指对于待证事实的证明受到法定证据方法以及法定调查程序之限制的证明形式,而自由证明则是与之相反,证明形式比较自由。[②] 自由证明与严格证明是依据同一案件中待证事实的不同而划分的。在刑事诉讼程序中往往存在一连串的待证事实亟待厘清,有些属于本案实体事项,如犯罪事实及其法律效果,有些属于程序争点,例如诉讼要件是否具备;由于严格证明具有严格的形式性之要求,对裁决者形成相当的限制,旷日费时,因此,不可能期待所有的争点全部

---

① 宴改会:《检察机关逮捕程序的理性反思与司法化重构》,《中国检察官》2014 年第 7 期,第 29 页。
② 林钰雄:《刑事诉讼法》,新学林出版社,2019 年版,第 503 页。

适用严格证明程序来证明,这也是严格证明法则的待证事实局限于实体事实,且仅适用于审判程序之原因。[①] 而与之相比较,自由证明原则并不存在以上之双重限制,因此,裁决者对证据方法及证据调查程序的选择更加灵活自由,可以使用任何来源的证据资料,例如传闻证据;裁决者甚至还可以通过电话询问之方法来探索证据内容,在此基础之上形成心证。另外,自由证明所要求之心证程度与严格证明有别,依照严格证明所认定的犯罪事实,须达到毫无合理怀疑的心证程度;反之,裁决者对于依照自由心证的程序之心证,无须达到确信程度,只要其在心证上认为"很有可能"或"大致相信"为已足。[②] 对于刑事检察听证程序而言,首先,听证会中需证明之对象皆为程序性事实;其次,刑事检察听证并不属于庭审阶段,检察机关才是裁决者。因此,在刑事检察听证程序中,应当适用自由证明原则,即对于待证事实之证明,并不存在法定证据方法、法定调查程序之限制,只要是与案件有关联性之信息都可以在听证会上提出,作为检察机关做出裁决的依据。并且,裁决者的心证程度并不需要达到确信程度,仅需达到"很有可能"或"大致相信"程度即可。有学者将此称为"优势证据"之证明标准。[③]

小结

通过上文的论述可知,刑事检察听证在我国的发展经历了初

---

① 林钰雄:《严格证明法则与直接审理原则》,法律出版社,2008 年版,第 17 页。
② 林钰雄:《刑事诉讼法》,新学林出版社,2019 年版,第 18—19 页。
③ 何永福:《美国审前羁押听证程序及其启示》,《人民检察》2019 年第 9 期,第 72 页。

创、积极探索以及发展完善三个阶段,不同的阶段具有不同的特征:在初创阶段,听证程序是作为检察机关贯彻施行"检务公开"的重要手段,并不属于一项独立的程序;在积极探索阶段,虽然听证程序摆脱了"工具"地位,正式作为一项独立的制度得以发展,但这一时期并没有站在整体角度对刑事检察听证进行探索,致使各地举行的刑事检察听证程序差别较大。2020 年 10 月,《听证工作规定》首次在法律文本中正式从整体视角对检察听证进行规定。整体构建刑事检察听证程序,有利于收集证据材料,查清案件事实,有利于提高检察公信力以及提升诉讼效率。虽然《听证工作规定》已然构建了统一的刑事检察听证程序,但其赋予检察机关在听证程序的启动方面过大的自由裁量权,可能致使不举行听证会成为原则的本末倒置之"怪象"。故需要通过对《听证工作规定》第 4 条、第 5 条、第 9 条中的"可以"一词进行解释,将其定义为"授予权力",意味着"应当",即检察机关对于符合法定要求的刑事案件,有职责举行听证程序听取当事人的意见,不存在自由裁量权。除此之外,《听证工作规定》在听证会程序构造方面还存在着程序体系过于单调,难以适应实务中复杂之案件类型或案件事实以及缺乏证据规则方面的规定等问题。为此,为了适应实务需要,需要建立简易听证程序,适用那些案情简单且需要举行听证会之刑事案件。而建立简易程序并不需要修改该司法解释,因为《听证工作规定》之 15 条的文义已然涵括简易听证程序。至于听证程序的证据规则方面,应适用自由证明原则。另外,需要树立重视事实的澄清而非由谁提出证据之意识。

第三章

民事行政检察中听证程序之运用

| 第一节 | 问题的提出

随着我国社会主要矛盾历史性的转变,人民群众对民主、法治、公平、正义等方面的要求不断提高。[①] 在职能转变、机构调整和人员转隶的背景之下,检察机关应当如何把握契机,做强民事检察、做实行政检察工作,强化检务公开、深化司法民主,进而推动国家治理体系与治理能力的现代化,实现多赢共赢,成为检察改革必须解决的重大课题。2020 年最高检发布《听证工作规定》"检察听证"再次活跃于公众视野,并承载了检察机关的诸多愿景,如提高检察官专业水平、增强检察公信力、促成当事人息讼罢访等。

从学术界的研究来看,关于民事行政检察中听证程序的相关

---

① 参见《2018—2022 年检察改革工作规划》(高检发[2018]14 号)。

文献数量较少,且多实证而少理论。其中,行政检察中的听证程序学界鲜少研究,司法实践亦是参照民事检察听证程序。现有文章较多探讨民事行政检察听证的缘起、功能、实践现状、存在的问题及完善建议等,聚焦于听证适用率低、听证案件范围不明、效果不理想等听证程序中的突出问题,并采取"头痛医头、脚痛医脚"的方式,对民事行政检察中为何引入听证程序及其整体的制度构建缺乏深入论证。

民事行政检察听证制度自初具雏形以来,[①]几近休眠、极少适用,相关报道寥寥无几,即使是在《最高人民检察院工作报告》(1999 年—2020 年)中也难觅其踪迹。2013 年民事检察听证制度正式确立之后,部分检察机关进行了尝试,但仍较少见诸报端。然而,自 2019 年以来,各地检察院关于民事申诉案件、行政申诉案件召开听证的相关报道逐渐增多,听证程序的适用范围逐渐扩大、适用率显著提升。2020 年 1 月至 6 月,全国检察机关共对 1645 件民事监督案件和 95 件行政监督案件进行了公开听证,分别同比上升80.4% 和 206.5%。[②] 但相关报道多强调"首次召开""首例听证",这在一定程度上表明了以往民事行政检察听证长期被束之高阁。笔者实地观摩了 S 省 L 市召开的首例行政检察听证会,同时结合调研结果发现,听证程序在实际运行中存在当事人出席听证意愿

① 1999 年《人民检察院办理民事行政抗诉案件公开审查程序试行规则》(已废止)第 13 条规定"人民检察院审查民事、行政案件,可以听取当事人的陈述",并专用 8 个条文说明"听取当事人陈述"的相关程序。虽未采纳听证一词,但通常认为该规则确立了民事行政检察听证制度的雏形。

② 《最高检案管办主任董桂文就 2020 年 1 至 6 月全国检察机关主要办案数据答记者问》,载最高人民检察院官网,https://www.spp.gov.cn/spp/xwfbh/wsfbh/202007/t20200720_473301.shtml#2,最后访问日期:2020 年 11 月 9 日。

较低、听证代理机制不完善、听证程序启动标准不一、部分听证流于形式、听证员选择不规范等诸多问题。

在笔者看来,目前无论是学理探讨还是实务运作,都没有解决民事行政检察中有关听证的根本性问题即为什么要引入听证办案机制。所谓不识初心易迷途,制度设计的初衷不明,实施起来就极易"走形"。因此,必须立足于根本性问题,即检察机关履行民事行政法律监督职能时,其办案能力备受质疑,以及如何取得公众信任、消弭公众疑虑的问题,而不能局限于听证程序的技术性建构。因此,有必要对其理论基础进行通盘的检讨及重构,方能发挥出听证程序的预期功效。

有鉴于此,本章第二节将探讨民事行政检察中大力推广听证的原因及价值。第三节考察实践分析检察听证程序运行中的诸多问题。第四节通过剖析成因,探究最高检积极倡导及各级检察机关踊跃落实的听证程序能否实现预期价值。第五节针对听证程序在实践中产生的典型问题提出相应对策,以推动听证程序顺畅运行。

第二节 民事行政检察听证程序之价值

"听证"又被称为听取意见,其本意是指任何参与裁判争端或者裁决某人行为的机构或个人,须听取双方陈述,未听取一方陈述不得对其实施处罚。[①] 一般而言,听证广泛运用于立法、行政执法领域,如行政处罚听证程序中,处罚决定作出前需听取当事人的陈

---

① 刘国媛:《刑事检察听证制度的"理"与"法"》,《法学评论》2015 年第 1 期,第 175 页。

述、举证、质证和申辩。司法领域中也日渐重视听证程序之运用，如法院针对民事、行政再审案件创设了"复查听证制度"①。检察机关在刑事、民事、行政领域对听证程序均有所探索，如对民事、行政申诉案件、刑事不起诉案件等进行听证，只是探索的深度和广度仍有较大的空间。

自 2018 年起，最高检就非常重视听证程序在检察领域的运用，强调"应听证、尽听证"的理念，出台了《听证工作规定》，并亲身示范多次召开听证会及筛选发布典型案例。但由于四大检察发展失衡，民事检察与行政检察工作相对薄弱，②且申诉案件双方当事人经一审、二审仍难达成共识、双方分歧较大，检察机关作为申诉当事人所能抓住的"最后一根稻草"，弥合当事人分歧与化解争议均非易事，极易引发当事人之不满，而全面推广听证程序将有助于改变民事检察与行政检察积弱之局面，提升检察官专业化水平与司法公信力，进一步化解争议与息诉罢访。

一、转变办案方式，规范检察权运行

检察机关对民事行政检察监督案件拥有审查主导权，可自主

---

① 复查听证制度，指人民法院在审查民事、行政案件当事人再审申请（包括申诉案件）时，通知当事人到庭，听取当事人对有关申诉理由、争议事实、证据说明和相关意见，以决定案件是否应当进入再审程序的诉讼活动。

② 《最高人民检察院工作报告》（2000 年—2020 年）中年年出现"民事检察、行政检察工作相对薄弱""仍然薄弱""依然薄弱"等字眼，然则年年薄弱，何时休矣？参见张雪樵：《改革在路上监督进行时——解读三十年来〈最高人民检察院工作报告〉中的民事行政检察》，载微信公众号"最高人民检察院"，2018 年 12 月 14 日上传。

选择审查范围与方式,推进审查程序的进行。[①] 审查程序大致为接收申诉材料、调阅原审卷宗,再由承办人进行书面审查,部分案件会分别听取当事人陈述,作出审查决定。当事人双方缺乏有效抗辩,不利于检察官把握证据与查明事实,检察官采用书面审查方式一定程度上是对检察人员专业化程度不高的次优选择。[②] 虽然书面审查效率较高,但检察官行权封闭性、单方决断之特点使得争讼当事人意见不能得到充分表达,社会公众的监督权无从行使,检察机关的公信力亦难以彰显,难免引发对检察机关行权不公、暗箱操作等诸多遐想。

听证程序具有参与性、公开性、社会性、诉讼性等基本属性,将其引入民事行政检察审查程序,有助于克服"闭门办案""书面审查"等诸多弊端,亦符合检察权行使"司法化"之趋势。首先,听证程序有助于尊重当事人主体地位,充分保障其诉讼权利。在听证程序中争讼双方可充分表达诉求、展示证据、相互辩论,检察官亦可直接听取意见,由此会增强司法办案之亲历性,更及时、准确地作出是否抗诉之决定,做到"兼听则明""行权有据"。

其次,民事行政检察听证公开举行有助于规范检察权的运行。阳光是最好的防腐剂,《听证工作规定》第 19 条[③]对检察听证公开的范围及公开方式予以规范,畅通了公民参与、媒体旁听之渠道,

---

[①] 参见汤维建、王德良:《民事检察听证程序构想》,《人民检察》2020 年第 12 期,第 2 页。

[②] 参见蓝向东主编:《理论研究与案例参阅》,中国检察出版社,2016 年版,第 26 页。

[③] 《人民检察院审查案件听证工作规定》第 19 条:公开听证的案件,公民可以申请旁听,人民检察院可以邀请媒体旁听。经检察长批准,人民检察院可以通过中国检察听证网和其他公共媒体,对听证会进行图文、音频、视频直播或者录播。公开听证直播、录播涉及的相关技术和工作规范,依照有关规定执行。

经检察长批准还可通过中国检察听证网和其他公共媒体对听证会进行直播或者录播,最大程度增强民事行政检察工作的公开性和透明性,有助于破除民众对检察机关行权的猜忌,提升检察公信力,彰显程序公正之内在价值,使正义可感可触。

二、提升检察官办案专业化程度及司法公信力

民事行政检察监督制度自创设以来虽饱受理论质疑与实务批驳,但主流观点认为该制度有其正当性与必要性,应在现有基础上加以完善而非弃之。在四大检察格局未明确之前,检察机关往往受"重刑轻民"理念的制约,加之客观上民事、行政检察工作机构设置、人员配备不足,民事行政检察工作长期发展不畅。民事检察远不能满足民众日益增长的法治需求,行政检察更堪称"弱中之弱",[①]此种现状难免引发公众对检察官办理民事行政监督领域案件专业能力之质疑。那引入听证办案机制是否有助于解决民事行政检察领域之痼疾?是否有助于提升检察官办案专业化程度呢?

首先,民事行政检察听证程序为争讼双方提供了充分表达意见之平台。检察官保持客观中立,听取两方之意见,双方当事人可进行充分陈述、质证、辩驳。检察官亦可通过观察双方当事人陈述的语气、表情等深入分析证据及争点,有助于最大程度查明案件事实,提升办案质量。

其次,听证程序有助于借助"外脑"智慧。如邀请法学专家、退

---

① 《聚焦"四大检察"系列报道之一 做到"四大检察",向何方?》,载最高人民检察院官网,http://www.spp.gov.cn/spp/zdgz/202002/t20200224_455160.shtml,最后访问日期:2020 年 11 月 10 日。

休的法官以及案件所涉领域的专家,其不仅是对个案的观察建言、把脉问诊,更是一种生动的案例教学、知识拓展,为检察官作出准确的审查决定提供理论支撑,有助于提高检察官的专业能力和办案水平,提升民事行政检察审查决定之公信力,促进当事人息诉服判。

最后,听证程序有助于倒逼检察官提升办案能力。听证程序参与人员众多[①],且多采公开方式进行,检察官不得不直面当事人及其代理人、听证员、人民监督员,甚至不特定公众。检察官的言行一定程度上反映出其知识储备是否丰富、法律知识是否扎实、指挥听证程序是否得当。而为了使民事行政检察听证顺畅有效进行,检察官在召开听证之前往往需要完成大量准备工作,如制作听证方案、熟悉案件争点、拟定听证事项等。民商事及行政诉讼案件涉及领域广泛,既有合同纠纷、物权纠纷等传统类型案件,又有知识产权纠纷等新类型案件,法律关系庞杂,检察官需提前学习相关法律法规,甚至查阅相关案例及学术观点。因而,公开听证能在相当程度上驱动检察官学习专业知识,结合办案实战提升专业能力,更好履行民事行政检察监督职能。

第三节 | 民事行政检察中听证程序存在的问题

目前,民事行政检察听证相关立法进程尚未跟上脚步,仅有少

---

① 《人民检察院审查案件听证工作规定》第6条:人民检察院应当根据案件具体情况,确定听证会参加人。听证会参加人除听证员外,可以包括案件当事人及其法定代理人、诉讼代理人、辩护人、第三人、相关办案人员、证人和鉴定人以及其他相关人员。第8条:人民检察院可以邀请人民监督员参加听证会,依照有关规定接受人民监督员监督。

量原则性规定,缺乏切实细致的操作规则。长期以来,各地检察机关在摸索中进行尝试,笔者结合前期调研及典型案例观摩之经历,总结归纳民事行政检察听证程序主要问题如下:

一、当事人出席听证会意愿较低

听证仅作为检察机关审查民事、行政监督案件的方式之一,并无强制力,依赖于当事人配合。《人民检察院民事诉讼监督规则(试行)》(下文简称《监督规则》)第 60 条规定,当事人无正当理由缺席或者未经许可中途退席的不影响听证程序之进行,且允许当事人委托代理人代为出席听证,故当事人本人出席听证积极性较低。其中,相比申请人而言,被申请人(在听证程序中又称"其他当事人")出席听证意愿更低。申请人出于维护己方利益宁穷尽一切救济手段,以期检察机关启动抗诉使案件回归诉讼轨道,获得胜诉之机。然而申请监督的民事案件、行政案件往往已经经历了一审、二审、甚至再审,如此漫长的诉讼历程早已使胜诉一方不堪讼累,故其对民事、行政申诉案件听证程序存在抵触心理、配合度不高,甚至拒绝参加或无故缺席听证。

实践中针对缺席或中途退席的,视为其放弃陈述、质证和询问的权利,听证程序继续进行。但若一方缺席或两方均委托代理人代为出席,一定程度上有损听证程序之质效。其一,听证会释法说理、化解争议功能受限。听证会结束之前检察官往往会询问当事人是否愿意接受和解,若当事人不在场,普通代理权限的代理人可能无法及时回应。其二,当事人不出席听证有碍事实查明,折损听证效果。民事、行政监督案件,往往涉及双方或多方争议,若仅有申请人一方出席听证会,双方交流辩论变为一方陈述,质证将难以进行,且当事人对于案件事实的了解程度更为全面,部分细节性、隐蔽性事实代理人未必知晓,如在"王江泾塘里钢管租赁站申请民事检察监督案"中,申请人与孔某签订合同时加盖了 A 公司印章,孔某是否构成有权代理? 孔某无力履行合同时 A 公司是否要承担责任? 双方各执一词,对于检察官及听证员有关"该公司项目部现有几枚印章? 保管人为谁? 合同印章是何人于何时盖上去?"之询问,代理人并不能明确阐述,这无疑对查明本案事实及法律定性增加了难度。①

二、民事行政检察听证代理机制不完善

进入民事、行政检察程序的纠纷在民事、行政纠纷中占比较低,通常都是事实复杂、法律适用存在疑难甚至具有一定社会影响的案件。此类矛盾往往是长期积累形成的,双方对立情绪较为严重,可谓司法实践与社会治理之顽疾。当事人经过一审、二审以及再审后,仍确信案件的处理结果存在错误,合法权益遭到损害,以申请进入检察监督程序穷尽司法救济手段。当事人往往自身专业素养不足,在缺乏专业代理人协助的情况下,无法清晰、准确、高效地陈述出案件事实及诉求,不利于维护其自身权益。尤其在行政诉讼监督案件中,被申请一方为行政机关负责人与两位代理人,申请人一方则显得势单力薄,此情况难以化解申请人内心对行政机

---

① 王江泾塘里钢管租赁站申请民事检察监督案,载中国检察听证网,http://jctz.12309. gov. cn/main/live-details/991602747566,最后访问日期:2020 年 11 月 15 日。

关的不满及对司法的质疑。

《监督规则》第 29 条①规定当事人可以委托代理人,但实际上并非每位当事人都知晓且有条件委托代理人。对于不知晓者,由检察院在发布听证公告或《听证通知书》中告知即可;但对于无条件委托者,告知权利作用甚微。实践中,检察机关对民事、行政听证程序中未委托代理人的当事人做法不一。少数检察机关会帮助无力委托诉讼代理人的当事人申请法律援助,帮助其梳理事实、整理诉求,但此做法并未普及,这也就意味着部分无力委托诉讼代理人的当事人难以得到法律援助。因此,如果当事人自身无力委托代理律师,检察机关可以考虑在全国范围内统一设立基金,建立起一套有特色的法律援助制度。②

三、听证案件范围不明确

《听证工作规定》第 9 条③赋予了当事人申请听证的权利,若检察机关不同意听证应向申请人说明理由。至此,依职权启动与依申请启动并行,当事人完全被动的劣势地位有所改善,参与听证积极性有所提高,客观上拓宽了民事、行政监督案件进入听证程序之路径。但无论是当事人申请,抑或是检察官依职权启动,均需合理

---

① 《人民检察院民事诉讼监督规则(试行)》第 29 条:当事人申请监督,可以依照《中华人民共和国民事诉讼法》的规定委托代理人。

② 汤维建、王德良:《民事检察听证程序构想》,《人民检察》2020 年第 12 期,第 7 页。

③ 《人民检察院审查案件听证工作规定》第 9 条:人民检察院可以根据案件办理需要,决定召开听证会。当事人及其辩护人、代理人向审查案件的人民检察院申请召开听证会的,人民检察院应当及时作出决定,告知申请人。不同意召开听证会的,应当向申请人说明理由。

把握听证程序的启动标准。

《监督规则》第 57 条第 1 款规定"人民检察院审查民事监督案件,确有必要时可以召开听证会","确有必要"之表述过于笼统,困扰实务操作且为理论界所诟病。听证程序启动与否完全取决于检察机关的裁量,此前对不启动听证程序无需向当事人说明理由,也无需进行内部报备,故以往听证程序运用较少。值得肯定的是,此次《听证工作规定》第 4 条①进一步细化了启动听证程序的案件范围,即案件"在事实认定、法律适用与案件处理方面具有较大争议"或案件"有重大社会影响",需要当面听取意见的并经检察长批准。客观上进一步细化了"确有必要"之内涵,为检察官把握听证程序启动标准提供了较为明确的指引。但是,对"较大争议""有重大社会影响""需要当面听取意见"的判断依赖于检察官自由裁量,而不同的检察官对此可能把握不一。可见,民事、行政申请检察监督案件中哪些能启动听证程序依然模糊。

四、举证质证环节虚化,部分听证流于形式

《监督规则》与《听证工作规定》对于检察听证程序具体步骤规定有所不同(见表 1)。前者紧紧围绕证据与当事人意见进行,充分重视当事人提出的新证据与检察机关依职权调取之证据,其步骤更接近民事案件庭审程序。而后者则更加强调听证员的作用,如增设听证员提问、合议、发表意见环节,但其对听证会核心环节(当

---

① 《人民检察院审查案件听证工作规定》第 4 条:……在事实认定、法律适用、案件处理等方面存在较大争议,或者有重大社会影响,需要当面听取当事人和其他相关人员意见的,经检察长批准,可以召开听证会。

事人举证质证与发表意见）缺乏重视，对双方发言顺序、如何举证质证、争议焦点归纳等微观环节未予明确。

表1 两部法规关于"听证步骤"之对比

《民事诉讼监督规则》第62条	《检察听证规定》第15条
听证应当按照下列顺序进行： （一）申请人陈述申请监督请求、事实和理由； （二）其他当事人发表意见； （三）申请人和其他当事人提交新证据的，应当出示并予以说明； （四）出示人民检察院调查取得的证据； （五）案件各方当事人陈述对听证中所出示证据的意见； （六）申请人和其他当事人发表最后意见。	听证会一般按照下列步骤进行： （一）承办案件的检察官介绍案件情况和需要听证的问题； （二）当事人及其他参加人就需要听证的问题分别说明情况； （三）听证员向当事人或者其他参加人提问； （四）主持人宣布休会，听证员就听证事项进行讨论； （五）主持人宣布复会，根据案件情况，可以由听证员或者听证员代表发表意见； （六）当事人发表最后陈述意见； （七）主持人对听证会进行总结。

《监督规则》系司法解释，而《听证工作规定》为司法解释性质文件，其事实性权威来源于最高检在检察系统内的"最高"地位，但业界普遍认为司法解释效力应高于由最高法或最高检单独出台的司法解释性质文件，[①] 即民事诉讼听证程序应优先适用《监督规则》，但实践却并非如此。由于最高检强力"加持"，《听证工作规定》的规范效果似乎超越了《监督规则》，目前听证程序也多依照前者进行。但如上所述，《听证工作规定》对听证程序核心环节规定较为笼统，并不足以指导检察官指挥听证程序，引导双方就争点进行举证质证。从业务知识储备及以往诉讼经验上来看，公开审查

---

① 聂友伦：《司法解释性质文件的法源地位、规范效果与法治调控》，《法制与社会发展》2020年第4期，第219页。

民事、行政监督案件对检察官来说难度较大,我国检察官长期习惯书面审查式办案,指挥听证程序能力稍有欠缺,在听证节点控制、整体节奏把握、引导双方提问等方面有待锤炼提升。

目前已召开的民事行政申诉案件听证会一定程度上反映出检察官民事行政业务生疏、主持控场不熟练等问题,部分听证流于形式,照本宣科者不在少数。举证质证环节虚化,检察官较少当场认证,案件争点、难点聚焦不足,发挥不出听证程序查明案件事实之功能。同时,民事、行政检察监督听证程序中普遍采取定期宣告,这也表明听证程序在调查、辩论环节的质量并不足以支撑检察官作出决定,仍较为依赖原审卷宗及听证笔录。"表演型听证"偶有出现,部分检察机关还出现了为了公开而公开的情形,也即其在听证程序前早已形成内心确信,但出于政绩、宣传的考量,"精心"准备一场公开听证,甚至提前彩排预演,违背了听证程序设立之初衷。

五、听证员选择不规范,发挥作用不充分

听证员作为听证程序的重要主体,对听证结果影响重大,但目前并未形成及时有效的听证员选取机制。第一,听证员的选择完全由检察机关依职权确定,当事人被排除在外,选择的公开透明度与客观公正度有所减损;第二,听证员来源范围局限,目前听证员主要是被聘为检察机关人民监督员的人大代表、政协委员以及专家学者,人员基数有限,存在同一听证员被多家检察院轮番邀请的情形,即同一人员却同时成为多个检察院的听证员,致使其时间精力和参与质量难以保障;第三,听证员背景领域不够广泛,缺乏特定领域的专家型听证员。针对科学技术问题或专业性很强的案

件,如医疗侵权纠纷需要引入医疗领域的专家等为当事人解答疑惑,亦为检察官提供富有参考价值的专业意见。

听证员发挥作用不充分。其一,听证员的权利义务不明确、行为规范缺位,如听证过程中听证员中途是否可离场并不明确。笔者在观看中国检察听证网上关于民事检察监督案件听证视频时,发现听证过程中存在听证员短暂离场的情况。[①] 听证员意见为检察官决策之重要参考,在听证程序进行的情况下听证员中途离场可能会错失关键消息,有损其意见之准确性与说服力。其二,部分听证员发言意愿较低。在某些民事、行政监督案件听证程序中,听证员全程极少发言提问,而且部分听证员发言内容空洞,只作概括性、中立性发言,无涉案件处理、争议评析。如在"某公司民事诉讼监督听证会"中,两名听证员的发言内容主要为"表达作为听证员之荣幸,赞扬民事检察监督中引入听证制度之明智"。[②] 还有部分听证员出于顾虑或知识不足,或因难以集中精力听取冗长的举证质证,故贯彻"少说少错"之原则,导致其参与司法办案活动效果难彰,难以实现听证程序之初衷。

第四节 │ 原因剖析

民事行政检察听证在实践中呈现出的诸多问题,从表面上看

---

① 如某公司民事诉讼监督听证会,载中国检察听证网,http：//jctz. 12309. gov. cn/main/live-details/991593591210,最后访问日期：2020 年 11 月 15 日。

② 如某公司民事诉讼监督听证会,载中国检察听证网,http：//jctz. 12309. gov. cn/main/live-details/991593591210,最后访问日期：2020 年 11 月 15 日。

是由于法律规范缺位,制度设计过于粗疏。但从深层次看,则是因为对民事行政检察听证的功能认识不充分、定位存在误解。

一、民事行政检察听证程序法律规定有待细化

目前,民事行政检察听证程序的法律依据主要为《听证工作规定》及《监督规则》。其中,《听证工作规定》一共 23 个条文,明确了听证总则,划定了听证会参加人之范围,勾勒了听证会之大致流程,对规范检察听证工作具有重大意义,但该规定对听证制度中部分细节性、关键性问题缺少说明,有待进一步细化。如《听证工作规定》是否允许当事人提前申请变更听证时间或事后说明缺席理由,若缺席理由正当,是否有必要为其重新安排听证并无定论。

《听证工作规定》适用于四大检察听证,限于篇幅对诸多问题缺少区分。其一,忽视民事行政检察听证与刑事听证、公益诉讼听证的各自特性,在指导原则与具体程序构建上均缺乏区分。民事行政案件更强调对私益的保护且多为事后监督,而刑事诉讼与公益诉讼均侧重对公益的保护,且听证程序适用阶段涵盖诉前、诉中以及判决作出后,因此,构建听证程序应充分考虑各自特性,尊重司法规律。实践中部分检察院早已认识到此问题,针对民事、行政检察监督案件出台相应细则,如甘肃检察机关出台了《民事检察监督案件公开审查办法(试行)》。[①]

其二,未予区分听证类型,如可依据繁简程度区分简易程序与

---

① 南茂林:《17 项程序规范公开听证甘肃:出台民事检察监督案件公开审查办法》,《检察日报》2020 年 9 月 23 日第 1 版,第 1 页。

普通程序。所有的听证案件不加区分地邀请人大代表、政协委员、专家学者等担任听证员,是否有必要? 在检察机关的人力、物力有限的情况下,"应听证,尽听证"之理念如何实现?

其三,未予区分"可以召开"与"应当召开"听证之案件。《听证工作规定》第4条规定了可以召开检察听证的案件类型以及条件,但对"较大争议""重大社会影响"的判断本就带有裁量性与模糊性,"可以召开"则加剧了不确定性,即使某个案件完全符合召开条件,检察院不召开听证会也不会招致责难。

二、民事行政检察听证的功能认识不充分

最高检大力推广听证,不仅在于听证的程序价值,即正义以看得见的方式实现;还在于听证的实质价值,即以听证保障诉权,增强检察官的亲历性、查明事实、准确适用法律。然则,检察听证程序的诸多功能谁主谁辅呢? 一项裁决欲取得公众普遍之信赖,既需实体内容正确、合理,也需作出裁决之程序公正。笔者认为,听证的核心应为"听取双方当事人陈述",即其主要功能应为保障诉权、查明事实、准确适用法律,亦为听证之实体功能,这将关系到能否达到息讼罢访之最优结果。公开是检察听证程序上的内在要求,客观上有助于推动检务公开及检察权行使的"司法化",此可视为听证之次要功能。而化解社会矛盾、优化社会治理功能应视为听证程序良好办案效果的衍生。

观诸实践,首先,基层检察机关对民事行政检察听证程序之功能认识不足,从其适用听证程序办理民事行政申诉案件之动因可窥见一斑。检察机关通常是在外力驱动下运用听证,大多基于"上

级机关的安排"而不得不为之,部分则为宣传之需或不甘落后于其他已经运用听证程序的检察院。由此可见基层检察机关并未能及时认识到听证程序所蕴含的个案解决性价值、政策形成性价值及检察导向性价值。

其次,相比于最高检的面面俱到,基层检察机关则是厚此薄彼,即过分强调听证程序对检务公开的价值,而忽视运用听证程序保障诉权、查明事实之功能,导致听证"形式化""过场化"。而这一错误认识将有碍听证程序良好运转,因为仅有程序公开公正,而事实认定、法律适用等实体问题含混不清,当事人不仅感受不到司法正义,甚至可能有受骗之感,反而折损司法公信力。

三、民事行政检察听证程序定性存在偏颇之处

当前,《听证工作规定》对民事行政检察听证程序的特殊之处缺乏关照,带有较为强烈的职权主义色彩。在立法本位上过于偏重检察机关职权主义下的工具价值,对于当事人在听证中的主体地位考虑不够充分。① 如听证员的选任、听证程序的具体把握、听证事项的明晰及听证参与者的选择均由检察机关单方面决定,当事人缺乏话语权与参与感。同时,《听证工作规定》因篇幅有限,对如何协调法律监督的职权性与民事、行政申诉案件当事人处分权之间的冲突并无着墨。但二者冲突却不可忽略,试想,若检察机关认为某案审判程序存在重大问题,依职权启动听证,但当事人双方已无争议或早已和解,更不愿再添讼累,此时检察机关便会陷入依

---

① 汤维建、王德良:《民事检察听证程序构想》,《人民检察》2020 年第 12 期,第 33 页。

据法律监督职能强势启动听证与尊重当事人处分权问题的纠结中。

　　《听证工作规定》中首次明晰何为"检察听证"，即人民检察院对于符合条件的案件，组织召开听证会，就事实认定、法律适用和案件处理等问题听取听证员和其他参加人意见的案件审查活动。仔细审视，该条文似在表达人民检察院召开听证会首要意图是听取听证员的意见，其次为当事人之意见。而笔者颇为好奇的是，听证程序的主角应该是谁？听证程序的核心功能应该为何？从法理上讲，听证程序最核心的含义是裁决者听取当事人及利害关系人之意见，因为裁决将可能对当事人产生不利影响，而对听证员并无影响。由此可见，民事行政检察听证程序的主角应为裁决者及双方当事人，由此构成"准诉讼式"的三方结构，以充分保障诉权及查明事实、厘清争议。而《听证工作规定》将听证员意见置于当事人意见之前，对听证程序的核心功能理解偏颇，过分倚重听证员的意见，而忽视当事人之意见，有本末倒置、主次不分之嫌，一定程度上背离了听证程序之初衷。

　　那么，听证员的定位到底为何？根据《听证工作规定》可知，听证员的主要任务为就事实认定、法律适用和案件处理等问题发表意见，听证意见将是检察官裁决的"重要参考"。但实践中赋予了听证员"居间说理"及监督之任务，以精深的专业知识、准确的法律分析以及社会情理为当事人解惑释疑。可见，在检察听证制度中引入听证员有其创新性与必要性，然而也应注意听证员虽任务众多充满光环，但不能掩盖当事人主体地位，其根本作用应为辅助检察官查明事实以作出正确裁决。听证员的发挥作用除了依赖于自身专业知识、经验外，更依赖于当事人之陈述、出示之证据，否则听证意见即丧失了事实基础。虽听证意见为检察官作出裁决之"重要参考",而检察官裁决的核心参考因素理应为事实和法律,即依当事人陈述、双方论辩意见与证据所确认之事实。可见,检察听证程序应尊重当事人主体地位,而非过度拔高听证员之地位。

| 第五节 | 民事行政检察听证程序之完善对策

推动民事行政检察听证程序规范化、精细化,应充分把握民事行政案件之特性,充分尊重当事人诉权及主体地位。对听证准备阶段、实施阶段、结束阶段提供完善之策,以更好发挥听证程序提升检察官办案专业化水平与公信力之价值,促进案结事了,息讼罢访。

一、听证程序准备阶段

(一) 以"明确列举 + 兜底条款"进一步明确听证程序启动标准

从法理上来讲,不论检察机关最终作出何种决定,都将对其中一方当事人产生不利影响。因此,原则上所有民事、行政检察监督案件都应举行听证,但目前显然难以实现,当务之急是进一步明确听证程序的启动标准,将司法资源先向具有重大争议或重大社会影响的案件倾斜。笔者认为应召开听证程序的民事、行政监督案件可列举如下:(一)当事人提出新证据或检察院发现新证据,可能推翻原判决、裁定的;(二)原判决认定案件事实采用未经质证的证据或者系伪造的证据,导致案件事实认定和法律适用错误的;

(三)原判遗漏当事人或者错误追加第三人,可能导致权利主体与义务主体错误的;(四)原审诉讼程序违反法律规定,可能影响案件公正裁判的;(四)涉及国家利益、社会公共利益或社会影响较大的案件;(五)拟作出不支持监督申请决定,但可能引发申诉信访的;(六)通过听证程序可能促进当事人和解的;(七)其他通过听证程序更利于案件依法妥善处理的。

同时,在把握听证程序启动标准时,确立"最低必要限度原则"即立案后检察官经过书面审查,以现有材料是否足以支撑作出最终决定为标准,若能则不予启动,但应告知不举行听证之理由及做好释法说理工作。若现有材料不足以支撑检察官作出决定,原则上可依职权启动听证程序,但亦应尊重当事人处分权,若申请人不愿意适用听证程序且仅涉及私益时,经其说明理由,检察官可依据现有材料进行书面审查。若涉及国家利益、集体利益或公共利益时,当事人则应予以配合参与听证。以上举措有助于平衡私人利益与公共利益、当事人处分权与检察监督权之冲突。

(二)完善听证员选择机制及配套措施

为保证民事行政检察听证的良好运行,亟需完善听证员遴选机制,明晰听证员的权利和义务:其一,完善听证员的选取规则。一般而言,应采用相对客观、不易被人为因素控制的随机抽取规则,但也不能一味地强调随机性,应结合案件类型、双方争点等,优先选择专业背景与案件类型对口的听证员。在检察机关确定好听证员名单后,应当通知当事人,若有异议可申请更换听证员,理由成立的则由检察机关另行选择听证员。

其二,建立听证员库。考虑地域因素,可以设立省级或市级层面的听证员库,人员范围上除现有的人民监督员外,还可以适当纳入法律界、医学界、工业界等专业性强的行业专家。同时,可以充分发挥法律专家的专业特点,在听证前为其他行业的听证员提供咨询与培训。在听证员库建立起来之后,可以考虑借鉴英美法系陪审团的遴选方式,由双方当事人与检察机关共同参与听证员的选择。

其三,加强听证员工作辅导,建立听证员评价、退出机制。为保障听证员的参会质量,应当定期组织听证员培训,学习听证制度与基本程序以及必要的法律知识。听证前应及时提供案件材料信息,以便听证员充分把握案情。听证进行中,应当引导听证员围绕争议焦点提出针对性、实质性意见。听证结束后,需对听证员的表现进行打分评价,指出其不足之处,若多次反馈后仍不达标,应当考虑清退更换。此外,对于违反保密义务的听证员如何处理、处罚,也需进一步细化规范。

其四,完善听证员工作保障与激励机制。应当设立听证专项保障经费,还可以将参加听证工作与听证员的社会服务工作相挂钩,如代表、委员履职以及律师公益服务等工作,鼓励听证员积极参与听证活动。为降低听证成本,减少时间冲突,可借鉴互联网法庭的经验探索"云听证"。

(三) 鼓励双方当事人出席听证,告知相关权义

首先,鼓励双方当事人亲自出席听证,加大听证宣传力度,使当事人了解听证程序及运作机制,最大程度发挥听证程序查明事实及促成和解之作用。同时充分尊重当事人之处分权,不宜强制当事人出席,允许其委托1至2名代理人参加听证,但应向承办检

察官提交有效的授权委托书,载明委托事项及相应权限。

其次,规范《听证通知书》内容,载明当事人之权利义务。《听证通知书》除载明听证会参加人、案由、时间、地点、听证主持人、书记员及听证员之姓名外,还应载明当事人权利义务。如当事人有权申请上述人员回避,有权委托代理人参与听证,有权与其他当事人就案件证据进行质证,有权提出抗辩等。而听证当事人亦应承担如下义务:按时参与听证,回答检察官及听证员的询问,回应对方当事人有关案件问题之质问,遵守听证秩序等。若申请人不能按期参加听证程序且未委托代理人出席听证,应告知检察机关理由,若无正当理由或未告知者,视为撤回申请。若被申请人存在上述情况,检察机关可决定中止听证或进行单方听证。对无正当理由缺席听证的当事人设定不利后果,反向促进当事人出席听证更好维护自身权益,亦可监督检察机关公正、公开行权妥当处理纠纷。

二、民事、行政检察听证程序实施阶段

《听证工作规定》第15条已经对听证之步骤有所规定,主要可划分为以下环节:承办人介绍——当事人陈述、举证质证及辩论——听证员提问环节、合议及发表意见——当事人最后陈述——主持人总结。笔者将对每一环节提出建议,以期细化公开听证流程,提高制度实操性,使听证程序运行常态化、规范化。

(一)承办人介绍环节

承办检察官需就案件情况和拟听证事项进行简要介绍,其中,拟听证事项为检察官前期审阅书面材料总结而成,一定程度上可

视为听证"焦点"。承办人应高度集中精力,听取申请人陈述监督请求、理由与被监督申请人答辩意见,适时归纳调整"焦点",排除双方已无争议之事项,并询问双方当事人是否有补充及异议。盖因争议焦点乃诉讼之基础和核心,在民事、行政检察听证程序中亦是如此,若无法就此达成一致,检察官则应询问并引导、协助当事人整理争议焦点,以保证听证程序围绕争点进行集中审查,避免听证会"跑偏"。

(二)当事人陈述、举证质证及辩论环节

其一,检察官主持听证程序,实际上是以"司法官"的身份听审,故应承担"充分注意"之义务,即对双方当事人举证质证、意见陈述予以充分注意,否则,双方当事人说了也等于白说。检察官履行"充分注意"之义务,掌握案件资讯,厘清法律争议,将为后续调解奠定良好基础,毕竟"和稀泥"式调解难以使人信服。若调解不成,检察官可通过听审获取的资讯进行释法说理。

其二,对于听证过程中当事人举证质证的具体规则以及主持人组织控场的具体要求,亟需进一步细化,因为二者分别是在内容上与形式上保证民行检察听证质量的核心关键。首先,应予完善民事、行政监督案件听证程序中的证据规则。民事案件中,可根据"谁主张、谁举证"之诉讼规则,分配双方举证责任,当事人应提供充分证据证明己方主张,否则应承担不利后果。而行政监督案件中双方虽法律地位平等,但实力差异也是客观存在的,应赋予检察官一定的"衡平责任",适当发挥职权辅助作用澄清事实,减轻当事人之实力差距,为当事人构建平等的对话情境。最大程度确保民事、行政检察听证避免流于形式,真正地发挥效用。其次,可通过实践锤炼检察官指挥听证程序之能力,也可通过培训提升其指挥能力,如组织现场观摩或观看听证直播,学习指导性案例、典型案例,提升其控场能力,避免双方发言混乱、偏离焦点。

(三) 听证员提问环节、合议及发表意见

听证员提问应建立在认真听取双方陈述及清楚案件事实的基础之上,故听证员理应负有一定程度之注意义务,避免言之无据、言之无理。听证员适时发问、适当发问有助于提醒检察官予以注意及整理思路。听证员发问应将自身定位于检察官查明事实的协助者、补充者,遵从检察官之指挥,而不能任意滥用发问权。听证员发问应围绕争议焦点进行,尤其是针对关乎事实查明和影响法律适用的关键性事实或检察官漏问但应予查明之事实。

听证员合议环节应秘密进行,同时应注重记录不同当事人之意见,认真负责地进行评议,充分陈述意见及理由,应独立行使表决权而不得拒绝表达意见或者仅做同意与否的简单表态。评议环节应注重整理归纳共识性意见,记录分歧性意见且记载相应理由,以供检察官参考作出科学合理的判断。实践中存在检察官提前作出相应决定,听证员表示赞同即可的情况,此种做法一定程度上有违听证程序"兼听则明"之本意。必要时,听证员可提交书面评议意见。

听证意见的专业性、说理性事关听证程序功能之实现程度以及当事人能否感受到司法之关切。听证员发表意见应围绕案件事实认定、法律适用及案件处理进行,可依序发表意见也可由代表宣读共识性意见,但应保障分歧性意见能够得到阐述,如此方能体现听证程序之民主性、公正性,充分体现兼听则明。同时,听证员应避免做"空洞性陈述",如参与听证之荣幸及泛泛而谈听证制度之优势,丝毫不提及事实及法律,长此以往听证员可能会沦为听证程

序之"见证者",形同虚设。

(四) 当事人最后陈述环节

发表最后陈述是刑事诉讼中被告人的一项法定诉讼权利,而民事、行政诉讼中则称为"发表最后意见"。但发表最后陈述或意见均于法庭辩论终结后、合议庭评议之前进行,首要目的在于充分尊重与保障当事人权利,在庭审即将结束前给当事人单独陈述之机会。次要目的则是为程序回溯留有余地,如当事人最后表达意见时提出可能影响案件审判的新事实、新理由,此时诉讼程序较容易回溯到调查辩论阶段,以保证裁判的准确性。

而民事、行政检察听证程序中,将当事人最后陈述置于听证员讨论、发表意见之后,笔者认为此种安排欠妥。当事人最后陈述内容理应作为听证员评议之基础,若当事人此时提出足以影响检察官决定的新事实、新理由,则可能影响听证意见之准确性,且程序回溯阻力较大,若强行回溯,听证员需进行二次评议,反倒延宕听证效率。且在《听证工作规定》出台前,民事、行政听证程序实践中当事人一般于辩论终结后发表最后意见,部分为听证员询问之后,但均在听证员合议商讨之前。如 2020 年 10 月 5 日举行的"王江泾塘里钢管租赁站申请民事检察监督案"听证程序中,当事人于辩论终结、听证员询问之后进行最后陈述,然后听证员进行合议商讨及表达意见。[①] 再如 2020 年 7 月 30 日召开的"王华成农村土地承包合同纠纷申请监督案"听证程序中,当事人亦是于辩论终结后发表

---

① 《王江泾塘里钢管租赁站申请民事检察监督案》,载中国检察听证网,https://jctz.
12309. gov. cn/main/live-details/991602747566。最后访问日期:2020 年 11 月 15 日。

最后意见,然后听证员进行询问、合议。[①] 综上,笔者认为,将最后陈述环节置于听证员询问之后评议之前,大体上与民事、行政诉讼庭审流程保持一致,更为符合听证程序"准庭审"之定位。

(五) 主持人总结环节

实践中民事、行政检察听证程序中主持人总结环节短暂而空洞。主持人往往询问当事人是否愿意进行和解并告知不接受和解检察院将择期宣告决定,部分主持人则会对听证员表达感谢,随即宣告听证结束。笔者认为针对双方当事人明确表示不愿意和解的,检察官可当场就案件事实、法律适用问题等进行评议并作出相应决定,对有争议、有疑问之事项注重释法说理,尤其是针对不予支持监督的申请人。且评议、宣告之时听证员仍然在场,亦可利用专业知识及中立性身份进行劝解,以促进服讼息判。

三、听证结束阶段

(一) 践行"和解优先"之理念

"息讼罢访"乃民事、行政检察听证程序重要功能之一,而贯彻和解优先之理念有助于实现"案结事了",故询问当事人是否愿意和解应成为听证程序的必经环节。若民事、行政申请监督案件通过和解将产生更好的效果,检察官应结合听证程序所获悉资讯、充分考虑双方诉求、合理划分法律责任、充分考虑双方履责能力及对

---

① 《王华成农村土地承包合同纠纷申请监督案》,载中国检察听证网,https://jctz. 12309. gov. cn/main/live-details/991595993510。最后访问日期:2020 年 11 月 15 日。

立程度,在事实清楚、法律适用准确的基础上促成双方和解、定纷止争。但听证程序中进行和解应注意以下事项:其一,和解应遵守"自愿合法"原则,是否启动和解程序、采用何种方式进行及是否申请第三方参与等,应尊重当事人之意思。和解程序、协议内容应具备合法性,不得违反国家之法律法规。其二,若和解失败,和解中的妥协、自认不宜运用为检察官作出最后审查决定之依据。其三,告知当事人和解协议存在后续履行风险。但双方当事人达成和解后,检察官应及时督促双方履行具有给付内容的和解协议;若需分期履行,则可对后续履行情况进行追踪,避免因"和解不履行"带来新的冲突,以真正达到"案结事了"。

(二) 完善听证意见与案件处理结果的转化程序

听证意见是检察机关依法处理案件的重要参考,原则上对于听证员多数意见、共识性意见应当予以采纳,拟不采纳听证员多数意见的应当向检察长报告并在获得同意后作出决定。该条赋予了听证共识性意见较强的约束力,但是共识性意见并非就具有天然的合法性及合理性,故检察官应仔细审查听证意见是否能转换为案件处理结果。

其一,听证意见是司法亲历产生的案件认识和观点,体现了检察职权在意见形成过程中的去中心化、多维度化,全面追求客观公正的趋势。[①] 故检察官应贯彻"兼听则明"之理念,合理运用听证意见,避免先入为主及司法擅断。但检察官行使司法权时也应保持

---

① 姜耀辉:《如何开好听证会? 检察官在思考》,《检察日报》2020 年 11 月 4 日第 7 版,第 3 页。

独立,对于自身合法合理的判断要敢于坚持,不可听之任之,平衡好独立行权与吸纳听证意见之冲突。"兼听"并非"兼采",检察官对听证意见应负审查职责,应详细研判、审慎分析听证意见是否合法合理。听证意见并不能代替司法决策,其仅为检察官做出审查决定之参考因素,并不等于决定本身。故检察官需结合听证会查明的案件事实情况、法律适用争议及当事人最后诉求,充分论证听证意见能否转化为案件处理结果,若不能,则应向检察长报批获取同意后再行决定。

其二,《听证工作规定》第 17 条①规定,情况允许的应当场宣布决定并说明理由。但从实践情况来看,检察官事后向当事人宣告决定更为常见。但对检察院定期宣告审查决定并无明确的期限要求,为避免检察机关过分延迟地作出决定,减损听证效果,应对定期决定之期限进行合理规定,避免过度拖延冲淡检察官心证,影响决定之准确性。

四、探索繁简分流,构建多元化听证程序

随着"应听证,尽听证"理念的贯彻,民事行政检察听证程序将不断规范化、常态化,届时必将产生"案多人少"之矛盾,因此必须未雨绸缪,提前规划繁简分流之道,可将其划分成简易听证程序和普通听证程序。

---

① 《人民检察院审查案件听证工作规定》第 17 条:人民检察院充分听取各方意见后,根据已经查明的事实、证据和有关法律规定,能够当场作出决定的,应当由听证会主持人当场宣布决定并说明理由;不能当场作出决定的,应当在听证会后依法作出决定,向当事人宣告、送达,并将作出的决定和理由告知听证员。

目前普通听证程序仍需完善细化,但随着实务中民事行政检察案件的不断增多,简易听证程序的探索也应提上日程。普通听证要求人民检察院举行正式、完整的听证会,在程序上包括但不限于当事人举证、质证、辩论、最后陈述、听证员发言及主持人总结。如果说普通听证侧重于全面完整地查明事实,那么简易听证则是为了快速高效地听取当事人的意见。因此,可以考虑在简易听证程序中不邀请听证员,简化举证质证环节,以降低人、财、物以及时间成本,但需保障当事人能够当面进行对质诘问、充分表达意见及最后陈述。

从法理上讲,人民检察院作出抗诉决定会对被申请人法律上已经确定的利益造成不利影响,而不立案或不抗诉之决定则将终结申请人司法救济渠道。故对于人民检察院拟提起抗诉的民行检察监督案件,应适用普通听证程序,谨慎、准确行使检察监督权,尤其是对法的安定性产生强烈冲突的抗诉权。而对于立案后经书面审查拟不抗诉的民事行政监督案件,可适用简易听证,听取双方当事人意见,给予双方当事人举证质证、辩论的机会,检察官应结合听证调查情况,依据《监督规则》第 54 条作出相应决定,若不支持监督申请或不予抗诉的,则应重点做好释法说理及情绪疏导工作,减少当事人对司法的对抗及质疑,并着力促进双方当事人和解、化解矛盾、消除戾气。但对于涉及国家利益、社会公共利益或社会影响重大的案件,经审查拟不抗诉的,也可以适用普通听证程序。[①] 同时,人民检察院经简易听证后认为确有必要提起抗诉

---

① 曹文海:《浅议民事检察监督中引入听证制度》,华东政法大学 2003 年硕士学位论文。

的,可再次举行普通听证,确保抗诉决定之准确性。

　　之所以作如上设想,原因在于:根据实践情况来看,大多数申请检察监督的案件多以不立案为结局,而立案后的也只有极少数启动抗诉程序。若所有受理的检察监督案件均适用普通听证程序,检察机关恐难堪其负,目前来看实难做到。故可对初步审查认为需要提起抗诉的案件,优先适用普通听证程序,以合理配置司法资源。其二,检察机关书面审查后认为提起抗诉的可能性较低时,在否定该抗诉之救济途径后,应给予申请人进一步证明之机会,即申请人需要证明存在提起抗诉之情形,证明标准达到"盖然性"即可,后续若有必要可再适用普通听证程序进一步查明事实。如此可彰显检察权行使的谦抑及审慎,将行权过程向当事人予以公开,给予其意见表达、与被申请人对质之机会,当事人心中疑问得到解答,心中怨气也有所释放,当然更容易接受检察机关最后的决定。

第四章

探索、践行与发展： 我国检察公益诉讼听证程序应用问题研究

| 第一节 | 问题的提出

英国普通法自然正义理念中析出"得到听证的机会",作为一项传统程序性原则,指在政府决定行为中现有充分利益或者其权利因之处于危险之中的"个人",应当有权获得一个知悉不利证据并利用反驳证据、交叉质询及论辩这些武器来作出应对的机会。① 该项原则移植到我国检察领域一开始并非明确为"听证",而为"公开审查"。② 截至目前,听证之定义在我国理论界仍未明确,

---

① ［美］迈克尔·贝勒斯著:《程序正义——向个人的分配》,邓海平译,高等教育出版社2005年版,第73页。
② 1999年《人民检察院办理民事行政抗诉案件公开审查程序试行规则》、2000年《人民检察院刑事申诉案件公开审查程序规定(试行)》和2001年《人民检察院办理不起诉案件公开审查规则(试行)》。

但就其理论渊源来看，自然正义原则作为一项古老的原则，在英国普通法上的基本程序规则之一乃为听取对方意见，即不论决定内容是否公正，首先必须在决定的程序上实现公正，而听取对方意见，正是程序上公正的最低要求。①《元照英美法词典》将听证解释为"hearing"，与听审同义，即可就争议问题提供证据、陈述理由，并由裁判权的个人或机关作出裁决的相对正式的程序。②"陈述理由""作出裁决"由"并"字连接，具有两种或两种以上事物平排、同等重要之意，即可理解为决定要在听取当事人发表意见、陈述理由之基础上作出。

听证程序作为舶来品，于上个世纪末传入我国，最先用于行政执法环节，后逐渐扩展到刑事检察、民事检察、行政检察等领域，成为检察机关案件办理选择程序之一。2017 年《民事诉讼法》《行政诉讼法》修改，检察公益诉讼制度予以正式确立，成为检察机关的一项"新"职能，听证程序之运用在各地检察公益案件办理中开始出现。2020 年 7 月，最高检作出"全面推开公开听证，努力实现公平正义"工作部署，要求各级检察机关、各个业务条线提高认识，全面推开公开听证，让人民群众在每一起案件中都感受到公平正义，推进国家治理和检察制度体系现代化。2020 年 10 月 20 日，最高检举行"检察听证，让公平正义可触可感可信"新闻发布会并发布《听证工作规定》，首次以立法之形式统一确立检察机关适用听证的一般性规范，检察公益诉讼听证开始呈现"喷涌式"发展态势。

---

① 杨惠基：《听证程序理论与实务》，上海人民出版社 1997 年版，第 228 页。
② 薛波主编：《元照英美法词典》，北京大学出版社 2017 年版，第 630 页。

检察公益诉讼诉前听证程序作为彰显程序正义之手段,一方面顺应公民参与司法之法治要求,利用公众之力督促检察官理性行使自由裁量权,以表结果之公正,提升司法公信力;另一方面,通过听证会等形式的面对面交流强化检察建议监督之刚性,敦促行政机关依法行政、及时修复受损公共利益。然而,探索初期,学术理论研究较少,且皆是以公益诉讼个别案件类型为研究对象进行的单一研究,对实践无法起到理论化的指引作用。此外,一般性适用规范的模糊性特征引起听证之实践运用基本定位不清,功能把握不准,主要表现为过度拔高听证员地位、忽视公民参与,加上目前有限司法资源无法应对"应听尽听""听证全覆盖"之倡议,易导致部分听证会流于形式。

因而,有必要对检察公益诉讼听证程序进行通盘细究,审视听证程序在检察公益诉讼案件办理过程中的运行现状,探寻本来含义,把握功能定位,继而进行制度性建构。

第二节 检察公益诉讼听证程序实践运行状况

以诉讼类型为基准,检察公益诉讼可划分为民事公益诉讼(包括刑事附带民事公益诉讼)和行政公益诉讼。2020 年 1 月至 6 月,全国检察机关进入诉前程序的公益诉讼案件共计 47144 件,其中民事类 4607 件,占立案总数的 9.77%,行政类 42537 件,占立案总数的 90.23%。从案件领域看,生态环境和资源保护领域28274 件,占比最高达 59.97%,其次为食品药品安全领域 6632

件，占比 14.07%。[①] 听证程序之引入，司法实践中相应出现单一民事公益诉讼听证、刑事附带民事公益诉讼听证和行政公益诉讼听证，其中，以行政公益诉讼类型下生态环境和资源保护领域案件适用听证程序最为集中。

表 2　2020 年 1—6 月检察机关办理公益诉讼案件数据

公益诉讼环节	案件总数量（件）	案件类型	案件数量（件）	占比
立案	61024	民事公益诉讼	5822	9.54%
		行政公益诉讼	55202	90.46%
诉前程序	47144	民事——发布公告	4607	9.77%
		行政——提出检察建议	42537	90.23%
提起诉讼	2265	民事	2082	91.92%
		行政	183	8.08%

表 3　2020 年 1—6 月检察机关公益诉讼诉前程序案件所涉领域案件分布量

案件总数量（件）	案件所涉领域	案件数量（件）	占比
47144	生态环境和资源保护	28274	59.97%
	食品药品安全	6632	14.07%
	国有财产保护	3927	8.33%
	国有土地使用权出让	461	0.98%
	"等"外	7846	16.64%
	英雄烈士名誉荣誉保护	4	0.01%

[①]《2020 年 1 至 6 月全国检察机关主要办案数据》，载最高人民检察院官网 https://www.spp.gov.cn/spp/Xwfbh/wsfbh/202007/t20200720_473301.shtml#1，最后访问日期：2020 年 10 月 15 日。

因听证程序适用与行政公益诉前程序即提出检察建议时间段的高度重合,以致实务存有部分听证程序围绕"检察建议"进行流程建构,主要为以下两种模式:

(1)【"检察建议"在前】检察机关在获得并查明线索证据后提出检察建议,有关行政机关进行自我整改,事后通过召开检察建议整改情况公开听证会,对行政机关就检察建议整改落实情况进行评议;

(2)【"检察建议"在后】通过召开听证会,对有关行政机关不作为或履职不当行为进行核实,无误后,在义务划分明确的基础上当场宣告并送达检察建议书。

表4 2020年检察机关围绕"检察建议"召开听证会之举例

以听证会为时间节点作区分	听证会内容	案例				
		时间	地点	听证会类型	案由	听证员
"检察建议"在前	对检察建议整改落实情况进行评议	2020.8	云南省保山市昌宁县人民检察院	行政公益诉讼诉前程序公开听证会(检察建议整改落实评议会)	非法珍稀野生动物监管不力	县人民法院、县人大代表、政协委员及特约检察员、人民监督员
		2020.9	贵州省黔南州三都县人民检察院	行政公益诉讼诉前检察建议整改回复公开听证会	工程建设项目(污水处理池)污染环境问题	县人大代表、政协委员、人民监督员、律师代表以及相关行政部门专业人员

续　表

以听证会为时间节点作区分	听证会内容	案例				
		时间	地点	听证会类型	案由	听证员
"检察建议"在后	对行政机关相关行为进行核实	2020.10	西藏自治区昌都市边坝县人民检察院	公益诉讼公开听证	学校食堂食品安全	市县人大代表、政协委员
		2020.11	陕西省汉中市佛坪县人民检察院	生态环境领域公益诉讼公开听证	垃圾池污染河道水质及周边环境	县人大常委会、县政协领导、人大代表、政协委员、人民监督员

　　实务还存有一种公益案件诉前处理方式，如 2020 年 5 月 18 日，广西壮族自治区贵港市人民检察院就非法采砂问题，组织召开"阴坑旱河非法采砂行政公益诉讼案件磋商会"；2020 年 8 月，河北省唐山市路北区人民检察院首次在当地启动检察公益诉讼诉前磋商程序，联合乡(镇)、街道办事处等各方力量，就护航"个体经济"，如占道经营、食品安全、环境污染等问题进行会议磋商。① 此类案

① 此外，还有《恩施州首个公益诉讼案件诉前磋商会在巴东举行》，载恩施新闻网，http：//www. enshi. cn/2020/0430/976133. shtml，最后访问日期：2020 年 10 月 15 日；《公益诉讼诉前磋商提升办案质效》，载新疆法制报网，http：//www. xjfzb. com/contents/352/183955. html，最后访问日期：2020 年 10 月 15 日；《磋商会议新形式，实现公益司法保护'双管齐下'——呼和浩特市人民检察院召开公益诉讼诉前磋商会》，载呼和浩特市人民检察院网，http：//www. hohohot. jcy. gov. cn/tpxw/202007/t20200708_2871996. shtml，最后访问日期：2020 年 10 月 15 日。

件方式为公益诉讼诉前磋商机制,即检察机关在提起诉讼前以召开"磋商会"的形式与相关人员就案件事实、义务划分等问题进行磋商的案件处理机制。

从各公益诉讼诉前解决实践案例来看,磋商机制的启动与召开听证会的案件类型雷同,加之上述公益听证模式与公益磋商会在程序建构方面具有高度重合性,"听证会""磋商会"混合适用、同案不同处理方式现状较为突出。如因非法采砂而相关行政机关履职不当造成破坏生态环境和资源问题,2020 年 4 月陕西省宝鸡市凤县人民检察院通过召开诉前听证会,邀请听证员出席并发表意见的方式予以结案,①而 2020 年 6 月辽宁省辽阳市人民检察院以召开公益诉讼案件磋商会议的方式就解决方案进行讨论。

此外,就检察公益诉讼诉前听证程序参与人来看,邀请听证员并由其对事实认定、法律适用和案件处理等问题发表意见在立法和实务中已然成为必然,而公民代表却并非听证会出席人员必要之选项。听证会的运作基本上由检察官主导,听证会出席人员类型、身份也全然由检察官自行选择、安排,从见诸杂志、报纸、网络等媒体以及笔者在检察实践工作中的考察情况来看,各地多数公益诉讼听证会听证员组成人员皆为(县、市、全国)人大代表、政协委员等固定人员,部分行政公益诉讼听证会未有群众参与。

---

① 《凤县检察召开首次公益诉讼诉前听证会》,载凤县人民检察院官网,http://www.sn.jcy.gov.cn/bjsfx/tpxw/202004/t20200426_166052.html,最后访问日期:2020 年 10 月 15 日。

第三节 | 检察公益诉讼听证程序现存问题根源剖析

听证会、磋商会的适用案件范围并不明确，由检察机关全权掌握，两者混用不明问题突出，因召开听证会须邀请听证员、公民代表等贯彻公开性给检察官带来工作负担和压力，使其更倾向采用封闭式的"诉前磋商"来处理案件。退一步讲，应上级考核要求，部分地区检察院就个别公益诉讼案件事实查明、法律适用等问题召开听证会，参与者形形色色，有具有政治背景的人大代表、政协委员等固定人员组成的听证员，也有与案件相关的行政机关代表，但部分听证会却唯独缺少与之相关的公民代表或出席人数类型占比过少，其参与度较低成为公益诉讼听证会现状之首要问题。其根源在于一般性规范的含糊规定造成实务运行过程中对听证的基本定位不清，价值取向存有偏颇，主要表现为以下两个方面：

一、利害关系当事人参与被忽视

检察公益诉讼之根本在于维护公共利益，虽然受损公共利益并非单纯私人利益之总和，但与个人利益受损是分不开的，这决定了检察机关听证化办案机制中最重要的乃是利害关系人代表。《听证工作规定》总则部分将检察院独立行权与保障人民群众的知情权、参与权和监督权相结合视为听证程序之原则，①"需要当面听取当事人和其他相关人员意见的"作为部分公益诉讼案件召开听证会的条件之一，②都可与该规定出台之本来目的相佐证，即切实促进司法公开、保障司法公正、提升司法公信、落实普法责任和促进矛盾化解。③ 然而，第 6 条中却将案件当事人及其法定代理人参与听证会定为"可以"，第 15 条的一般听证会步骤也具有围绕"听证员获取信息、提出意见"之导向，④直接造成实务中部分行政公益诉讼案件承办检察官因动力不足或嫌麻烦而未在听证会上列席利益侵害方代表，仅就一方当事人即相关行政机关与检察机关、听证员围桌而坐，以磋商的方式处理案件。这种目的性和具体性规定的矛盾招致实际操作存在偏差，忽视受害人利益背离"全面推进公开听证及以人民为中心"的根本理念。⑤ 此外，在

---

① 《人民检察院审查案件听证工作规定》第 3 条规定：人民检察院以听证方式审查案件，应当秉持客观公正立场，以事实为根据，以法律为准绳，做到依法独立行使检察权与保障人民群众的知情权、参与权和监督权相结合。

② 《人民检察院审查案件听证工作规定》第 4 条规定：人民检察院办理羁押必要性审查案件、拟不起诉案件、刑事申诉案件、民事诉讼监督案件、行政诉讼监督案件、公益诉讼案件等，在事实认定、法律适用、案件处理等方面存在较大争议，或者有重大社会影响，需要当面听取当事人和其他相关人员意见的，经检察长批准，可以召开听证会。

③ 《人民检察院审查案件听证工作规定》第 1 条规定：为深化履行法律监督职责，进一步加强和规范人民检察院以听证方式审查案件工作，切实促进司法公开，保障司法公正，提升司法公信，落实普法责任，促进矛盾化解，根据《中华人民共和国人民检察院组织法》等法律规定，结合检察工作实际，制定本规定。

④ 《人民检察院审查案件听证工作规定》第 15 条规定：听证会一般按照下列步骤进行：（一）承办案件的检察官介绍案件情况和需要听证的问题；（二）当事人及其他参加人就需要听证的问题分别说明情况；（三）听证员向当事人或者其他参加人提问；（四）主持人宣布休会，听证员就听证事项进行讨论；（五）主持人宣布复会，根据案件情况，可以由听证员或者听证员代表发表意见；（六）当事人发表最后陈述意见；（七）主持人对听证会进行总结。

⑤ 《全面推开公开听证，努力实现公平正义》，载最高人民检察院官网，https：//www. spp. gov. cn/spp/zhuanlan/202007/t20200713_472820. shtml，最后访问时间：2020 年 10 月 15 日。

检察机关审查案件"应听尽听""听证全覆盖"倡导下，案件由常规的"书面＋审批"办理模式转变为召开听证会，公开听取相关人员意见的"听证化办理模式"，这种模式的转变，使得程序趋于复杂化，案多人少、精力不足现象更为突出，加上场所、经费保障等相关配置资源供给不足等问题，导致部分听证会流于形式。

上述原因可探寻一二，首先，检察公益诉讼职能作为检察机关一项"新"职能，普法不到位，多数法律意识不强的公众并不知晓，更何况检察公益诉讼听证，也就无所谓去主动申请旁听。其次，《听证工作规定》第 19 条规定公开听证的案件，公民可以申请旁听。"可以"一词可解释为对公民的一种授权，即法律赋予公民的听证旁听申请权，但能否旁听决定权却在检察机关手中，此处与庭审旁听有所差别。最后，站在法经济学的角度来说，任何一个理性的个体在做出决策时，例如是否参与听证以及后续如何展开，其必然会采取成本效益分析的方法来衡量利弊，面对公共利益受侵犯，但不显于个人身上的公益案件，在利益权衡之下，按部就班地工作生活才是其最优选择。

二、听证员地位被过度拔高

《听证工作规定》中，无论听证定义条款中把听证员意见单独罗列，随后附上其他参与人意见，[①]还是在"听证会参与人"章节大篇幅规定听证员条件、人数相关事项等都可表明我国从规范层面把听证员地位和可预期发挥作用过度拔高。但与刑事检察、民事

---

① 《人民检察院审查案件听证工作规定》第 2 条规定：人民检察院对于符合条件的案件，组织召开听证会，就事实认定、法律适用和案件处理等问题听取听证员和其他参加人意见的案件审查活动。

检察、行政检察相比,检察公益诉讼之目的在于维护"公共利益"、案件涉及人数较多、利益牵扯也更为复杂,引入听证程序之价值追求相比案件事实查明,其更应偏向对案件办理公开透明度的保障,即更注重当事人或利益相关人的意见表达。理念层面的价值取向向案件事实查明偏颇过大,易造成对检察公益诉讼听证会定位不清,大量存在以"听证会"之名行"磋商会"之实,即无论何种类型的公益诉讼,听证会参与人员皆由检察官、听证员、相关国家机关单位代表组成,展开讨论、磋商及交换意见,以此解决案件。此种听证程序之运行方式与"听证"本质即程序正当性之法律制度设计存在背离之处,且与"促进司法公开,保障司法公正,提升司法公信力"等目标实现有所偏差。

此外,听证员地位过度拔高与最高检"听证全覆盖""应听尽听"之号召存有相当程度的矛盾。2020 年 10 月 20 日,最高人民检察院举行"检察听证,让公平正义可触可感可信"新闻发布会,最高检检察委员会专职委员万春表示,坚持"应听尽听",各级检察院检察长带头示范,做到全国检察机关听证审查工作全覆盖,真正让听证成为提升检察机关办案质效、促进司法公开公正的重要抓手。"应听尽听""听证全覆盖"成为一种导向趋势,然就目前有限司法资源而言,此号召近期内全然无法实现,相反操之过急,招致问题不断。一方面庞大的案件数量与听证员人数无法一一匹配,加上听证员遴选机制还未完善,各地区人大代表、政协委员、人民监督员已然成为该地区检察机关公益诉讼听证会听证员的固定人员配置;另外,这些固定配置人员并非全职,分配给听证程序高效运行的时间、精力有限,较大程度上无法发挥立法寄予的预期效用,这亦使得"听证全覆盖""应听尽听"之倡议易被虚化。

｜第四节｜　检察公益诉讼听证程序的完善建议

公益诉讼案件处理过程中,既要保障利益相关人表达意见诉求的权利,又要对已损或将损的公共利益进行及时修复或保护,发挥有限司法资源的最大效用。2020 年《听证工作规定》作为检察机关听证化办理案件统一规则,如果要使检察官受规则的引导,约束其对自由裁量权的行使,那么对检察公益听证程序的规制就必须是高度分殊化的,并且应当恰如其分地适用于所追求的目标。① 对此,笔者将立足《听证工作规定》普遍性适用规范,厘清检察公益诉前听证程序之功能基础上不断加强个案实践探索,以期将检察公益诉讼听证程序具体化、规范化。

一、厘清检察公益诉前听证程序之功能

中国特色司法体制下应运而生的中国检察公益诉讼作为一项年轻的制度设计,听证程序的引入、运行对我国法治建设具有独特的作用。

(一) 保障公民参与,提高行权之公信力

检察机关作为公益诉讼的起诉主体之一,既符合我国检察机

① ［美］米尔伊安·R.达玛什卡著:《司法和国家权力的多种面孔:比较视野中的法律程序》,郑戈译,中国政法大学出版社 2015 年版,第 72 页。

关基本的职能定位,也满足了现实所需。一方面检察机关代表国家和社会公共利益提起的诉讼,是区别于当事人基于私益提起的诉讼,应当是一种公诉行为,体现的是国家意志性和公益性。[①] 另一方面有限的公共利益需要对其予以特定的维护,而无论是民事公益领域的社会组织诉讼或是行政公益领域的上级纠正都无力承担该项职能,公共利益保护机制缺位之基本态势是催生检察公益诉讼制度诞生的社会基础和内在动力。

检察机关作为法律守护人,使客观的法意旨贯通整个刑事诉讼法程序,而所谓的客观法意旨,除了追诉犯罪之外,更重要的是保障民权。[②] 相比刑事公诉职能,检察机关作为公共利益"看护人"不足四年,检察"新"职能迫切需要获得公众认可。首先,国家机关的权力源于人民选举代表组成人民代表大会,由人民代表大会通过宪法和法律的授予,听证程序之引入让公民直接参与司法,其所承载的民主价值使检察机关行权更具正当性。其次,法律程序作为法律主体行使权力、履行义务所需遵循之步骤与方法,其功能可归结于对于恣意的限制、理性选择的保证、作茧自缚的效应和反思性整合。[③] 听证程序作为法律程序之正当性的一项制度保证,其具有的抑制、分工、间隔等功能对自由裁量权进行制约,且利益当事人、听证员的有效参与可助检察官打开思路、谨慎思维,理性决策,以表结果之公正。[④] 加之以召开听证会的方式直接接触案件办理

---

① 王莉:《检察机关提起、参与民事公益诉讼的法理基础》,《人民检察》2011 年第 14 期,第 11 页。

② 林钰雄:《刑事诉讼法(上)》(第 7 版),元照出版有限公司,第 131 页。

③ 季卫东:《程序比较论》,《比较法研究》1993 年第 2 期,第 7~11 页。

④ 刘国媛:《刑事检察听证制度的"理"与"法"》,《法学评论》2015 年第 1 期,第 176 页。

过程,增强对案件处理结果接受度。结果的理性选择与程序的可视运行可提高检察机关行权之公信力。

(二) 维护公共利益,提高监督刚性

我国公益诉讼的内在机理是,公共利益与国家政策应于法律评价的限度内合而为一,前者之救济与后者之贯彻经由法律秩序的修复、整合共同作成,以法律监督为核心的检察制度成为了形塑我国公益诉讼模式的基本要素。[①] 检察公益诉讼存在诉前程序之规定,即民事公益诉前"发布公告期"、行政公益诉前"提出检察建议",表明立法者想将案件解决在前端,维护社会公共利益、节约司法资源之意。不可否认,公益诉讼制度存有的法律监督元素对违法乱象的治理具有很强的对应性,[②]部分案件通过发出诉前检察建议督促行政机关发挥其主观能动性而得以解决。但"检察建议"作为一种柔性监督,弊端在于监督效力弱,监督效果高度依赖于监督对象的主动履行和配合,以致实务中仍存在多个职能交叉、责任交叉的行政单位推卸责任的情况,"检察建议"的柔性监督力需要通过起诉、审判才能转换为法院强制执行力。听证程序的引入可在一定程度上强化"检察建议"的"刚性"监督,具体而言,检察机关在提出"检察建议"前后,通过召开听证会,聚集相关行政机关与公共利益具体损害者就是否履职或履职是否不当、义务划分等问题进行意见发表,将义务履行落实到具体行政机关头上,能够有效避免

① 梁鸿飞:《检察公益诉讼:法理检视与改革前瞻》,《法制与社会发展》2019 年第 5 期,第 114 页。

② 梁鸿飞:《检察公益诉讼:法理检视与改革前瞻》,《法制与社会发展》2019 年第 5 期,第 118 页。

推卸责任。此外,部分专家学者、行政执法人员的意见也可为相关行政单位的有效整改提供指引。其实,监督本身不是目的,而是要尽可能去除因违法丛生而导致的公益流失现象,听证程序之适用与诉前程序相互配合,"案件化"办理方式助力"检察建议"柔性监督"刚性"发挥,共同服务于公共利益保护、促进依法行政。

(三)响应国家普法释法之号召

党的十八届四中全会决定明确指出全民普法和守法是依法治国的长期基础性工作,实行国家机关"谁执法谁普法"的普法责任制,建立法官、检察官、行政执法人员、律师等以案释法制度。普法责任制的实行,一方面扩大普法格局,普法不再是普法主管部门的"独角戏",而是各国家机关及其工作人员的"合唱";另一方面明确普法责任划分,使普法工作频繁动起来。此战略落实到检察领域,即须把普法与检察办案紧密结合,把普法工作融入案件办理的全过程、各环节,做到个案的精准释法。相比刑事、民事、行政检察,公益诉讼涉案人数众多,利益牵扯更复杂,由此产生的普法任务既是机遇也是挑战。检察机关在立足公益诉讼职能基础上,通过诉前听证程序的桥梁搭建,直接听取利益相关人意见,对问题及时予以反馈。此外,部分专家的释惑答疑,让其更能理解案件办理的过程与相关的法律法规,公民参与个案将极大强化释法普法效果。

二、树立检察公益诉讼听证常态化理念

如前文所述,有限的司法资源无力承担现有"检察听证全覆盖""应听尽听"之倡议,然就"四大检察"引入听证程序之价值取向

和独有特征来看,检察公益诉讼是最有条件也是最应响应此号召的。一方面,就其必要性而言,检察听证核心要素即公开听取意见与公益诉讼涉案主体广泛、公共利益受害人权利保障理念深度契合。在公益诉讼案件中,围绕行政机关是否履职不当或民事主体是否侵犯公共资源进行的听证程序中,除当事人自我陈述外,因不当行为造成损失的公众更具发言权。可见,检察公益诉讼听证程序建立的价值追求在某种程度上有保障公民参与权、息讼止争、维护社会和谐之需要。另一方面其可行性在于检察公益诉讼前置必要程序作为检察机关提起诉讼的第一道过滤机制,将大部分公益诉讼案件遏止于检察建议或转移其他组织处理阶段。2020 年上半年,全国共有 4 万多件公益诉讼案件进入诉前程序环节,检察机关仅对其中 2265 件提起诉讼,相比上万的刑事案件、民事行政监督案件来讲,检察公益诉讼听证"全覆盖""应听尽听"的可实施性更强。树立检察公益诉讼听证常态化理念,与诉前必要程序互为配合,以利益各方认同、理解的方式将案件解决在前端,能及时缓解公共利益损害,有效节约司法资源。

为实现检察公益诉讼听证常态化,笔者建议一方面构建多元化听证程序启动机制,将启动听证程序之权力分散授予不同主体,即除检察院主动召开听证会外,人大代表可针对个案向检察院提出召开听证会之请求、利益受损群众亦可联名向检察院申请启动听证程序,当然最后是否启动,应由检察长决定,如检察院决定不启动,则需以书面形式将不召开听证会之理由告知人大代表或利益受损群众,以接受社会监督。另一方面在实行繁简分流程序运作机制的同时可探索"云听证"模式,公益诉讼涉案利益相关人数众多,互联网是广纳群众参与个案办理的重要平台,把网络与听证结合起来,有效节约时间成本、交通成本、场地成本的同时亦可解决公益听证常态理念下听证参与人的时间冲突问题。

三、明确适用听证程序的公益诉讼案件范围

法定原则可谓宪法之平等原则在刑事诉讼法中的化身,并且进而达到法明确性与安定性之要求。① 《听证工作规定》将检察公益诉讼诉前适用听证程序的情形归为"符合条件"②与"根据办案需要"两种。③ "符合条件""办案需要"这一对概念化、抽象化的语言未能言明何种类型的公益诉讼案件应启动听证,与法明确性原则相偏颇。符合的"条件"无从探知,办案是否"需要"也无法知晓。司法实践中,听证程序的启动全然依靠检察院一方的积极主动,费力费时、工作量增加导致动力不足的现状必然影响其能动性,明确适用听证程序的公益案件之范围刻不容缓。

(一)确定检察公益听证程序适用范围的原则

首先,适用检察公益诉讼听证程序应当遵循公共利益与国家利益衡量原则。此处的"国家利益"具体指因国家主体存在而存在的公共利益,如涉及国家安全的公共利益。当公共利益与国家利益冲突时,应优先考虑国家利益,故而涉及国家安全、军事、外交领

---

① 林钰雄:《刑事诉讼法(上)》,元照出版有限公司,2013 年 9 月第 7 版,第 55—56 页。
② 《人民检察院审查案件听证工作规定》第 2 条:本规定中的听证,是指人民检察院对于符合条件的案件,组织召开听证会,就事实认定、法律适用和案件处理等问题听取听证员和其他参加人意见的案件审查活动。
③ 《人民检察院审查案件听证工作规定》第 9 条:人民检察院可以根据案件办理需要,决定召开听证会。

域以及紧急情况的公共利益侵害案件均不适用听证程序。"正像德国联邦行政程序法的规定一样，听证之举行如有碍于必要之公益时，不得为之。"[①]其次，适用检察公益诉讼听证程序还应遵循"成本不大于效益原则"，尽管检察公益诉讼听证程序是保障公民参与权的有效途径，但如果仅考虑该程序带来的经济社会效益，忽视其耗费的成本，那么它也是没有生命力的程序制度。[②]因而在适用检察公益诉讼听证程序时必须考虑成本与效益的均衡，在成本远大于效益时，只针对直接关系被侵害的公共利益问题适用检察公益诉讼听证程序。

（二）检察公益诉讼听证程序适用的必须因素

影响适用检察公益诉讼听证程序的因素很多，下文所述是适用检察公益诉讼听证程序的根本因素，即只有案件处理情况同时具备以下两因素，方可适用检察公益诉讼听证程序。

1. 必须只属于检察机关的公益诉讼职能范围

根据《民事诉讼法》第55条之规定，检察机关的民事公益诉讼职能具体为在发现破坏生态环境和资源保护、食品药品安全领域侵害众多消费者合法权益等损害社会公共利益的行为且无法律规定的机关和组织起诉时提起诉讼以及在法律规定的机关和组织针对上述损害社会公共利益行为起诉时支持起诉。《行政诉讼法》第25条规定，检察机关的行政公益诉讼职能具体为在发现生态环境和资源保护、食品药品安全、国有财产保护、国有土地使用权出让

---

① 马怀德：《论听证程序的适用范围》，《中外法学》1998年第2期，第10页。
② 马怀德：《论听证程序的适用范围》，《中外法学》1998年第2期，第10页。

等领域负有监督管理职责的行政机关违法行使职权或者不作为,致使国家利益或者社会公共利益受到侵害时向行政机关提出检察建议以及在行政机关收到检察建议后不依法履行职责时依法向人民法院提起诉讼。

检察公益诉讼听证程序由检察机关主持而非其他机关主持的根本原因在于该程序的适用对象是检察机关公益诉讼职能作用的对象。[①] 无论是案件事实问题还是程序问题都是检察机关在履行其公益诉讼职能时必须要解决的问题而非其他机关要解决的案件相关问题。在实践中,由于公益诉讼的案件事实涉及多方面制度,常有因为行政机关听证程序解决的问题适用检察公益诉讼听证程序的情况,比如在民事公益诉讼案件审判后,对该案当事人违法企业的行政处罚进行检察公益诉讼听证,即由检察机关主持该听证会,适用检察公益诉讼听证程序解决行政机关的行政处罚问题。这种做法实际是混淆了行政处罚听证程序和检察公益诉讼听证程序,使得行政机关的行政处罚听证职务和检察机关公益诉讼听证职务混同,过度扩大了检察公益诉讼听证的适用范围,既增加检察机关的负累、浪费司法资源,又阻碍不同机关听证程序统一作用。

2. 必须只直接关系被侵害的公共利益

公益诉讼案件涉及范围极广,被侵害的公共利益实际上均可具体为每个人的个人利益,而侵害公共利益的行为也往往涉及到各行政制度和社会制度,因而此类案件原则上应为所有公众参与,

---

① 王春业:《论行政公益诉讼诉前程序的改革——以适度司法化为导向》,《当代法学》2020 年第 1 期,第 96 页。

但因其实现成本太高而无法被落实。[①] 按照成本不大于效益、公共利益与国家利益均衡原则，直接关系被侵害的公共利益的问题具有必然的公开参与性，是处理公益诉讼案件无法避开的事实和程序问题，因而其必须适用检察公益听证程序。考虑到检察公益诉讼听证程序高成本和低参与性，除此之外的其他问题不宜适用检察公益诉讼听证程序解决。

对此，适用检察公益诉讼听证程序解决的问题必须是公益诉讼案件中与被侵害的公共利益具有直接关系的事实和程序问题，如公共利益被侵害的事实认定问题、公共利益受损与行为的直接因果关系认定问题、公共利益在行政机关接受检察建议自行纠错后的填平效果以及采取填平措施后的公共利益是否还需司法救济等问题。

（三）不适用检察公益诉讼听证程序的情形

根据公共利益与国家利益衡量原则和成本不大于效益原则，笔者建议下列情形可以不适用检察公益诉讼听证程序。第一，涉及国家利益的公共利益侵害案件可不适用检察公益诉讼听证程序，如涉及国家安全、公共安全等国家利益的情形。在国家利益与公共利益的冲突上，国家利益具有压倒性地位，只能优先选择国家利益。第二，公益诉讼案件中关于科学技术标准认定的事实问题可不适用检察公益诉讼听证程序。公益诉讼案件中根据法律明确规定的技术标准或专业技术，有计量、实验等客观认定方法的事实

---

① 张锋：《检察环境公益诉讼之诉前程序研究》，《政治与法律》2018 年第 11 期，第 152 页。

认定问题无需适用检察公益诉讼听证程序解决。一方面,听证会参与人员较缺乏此类事实认定的科学知识,其对该类事实的认定意见可信度低;另一方面,此类事实认定很少受到检察机关、当事人或听证员的个人主观意向的影响,无须经过听证程序也能公正认定事实,所以该类事实认定问题无需适用检察公益诉讼听证程序。[①]

四、健全和完善群众代表、听证员参与机制

针对实务中过度重视听证员地位、忽视利益相关当事人之现状,可从其参与机制的健全和完善入手,以正检察公益诉讼听证程序之基本定位。

(一)群众代表参与机制

群众的广泛参与是提升检察公益诉讼司法公信力的有效手段之一,同时也是检察公益诉讼听证独有之特征,这是由检察公益诉讼以保护"公共利益"为目的所决定的。因履职不当或侵权行为对公共利益造成的损害,具体可归结于不特定的个人利益损失,虽然人数众多,不可能全部都参与听证,但利益损失具有同一性,可由不同类型利益损失群众代表出席听证会,笔者建议构建一个群众代表有效参与机制,该机制可划分为"参与"和"有效"两部分。首先是"参与",广泛参与不仅体现在群众参与人数上,更重要的是参

---

① 王锡锌、章永乐:《专家、大众与知识的运用——行政规则制定过程的一个分析框架》,《中国社会科学》2003 年第 3 期,第 119 页。

与人类型,群众代表应由受损利益类型不同的公民民主推举产生,代表人数由检察机关按照公共利益掩盖下的个人利益损失大小予以确定,但不得少于 1 人。其次是"有效",根据自然公正原则,听证的当事人享有在合理时间内得到听证通知、事先了解相关案件及法律适用根据的权利。① 据此当事人可以要求相关机关或者组织部门等针对有关问题做出说明,在条件允许的情况下,有权查阅、复制相关文件。同时,检察机关应保障各方均有平等、充分发表意见的机会,针对参与人重复性意见表达,主持人可善意提醒,但不可随意打断。

(二) 听证员参与机制

公民以听证员的身份参与到检察院公益诉讼案件办理中,首要解决邀请谁、如何邀请的问题,涉及到听证员遴选主体、遴选条件和遴选方式等。《听证工作规定》第 7 条一般性地列明了人民检察院可以邀请符合以下条件的社会人士作为听证员：(一)年满二十三周岁的中国公民；(二)拥护中华人民共和国宪法和法律；(三)遵纪守法、品行良好、公道正派；(四)具有正常履行职责的身体条件。然而,实务中对该规范的适用不够灵活,可能基于政治考量,将邀请的听证员全然限制在人大代表、政协委员之列。听证员之作用在于为检察机关案件办理提出一定的参考意见,复杂多样的公益诉讼案件类型决定了听证员的构成也需具有多变性。

对此,笔者认为可在一定程度上参考人民陪审员遴选机制,当然人民陪审员和听证员权利、义务、意见作用效力有所不同,二者

---

① 杨惠基：《听证程序理论与实务》,上海人民出版社,1997 年版,第 233 页。

遴选机制也应有所差别。第一,检察机关可根据案件办理需要构建一个听证员名单数据库,听证员可通过个人申请和所在单位、户籍所在地或者经常居住地的基层群众性自治组织、人民团体推荐的方式产生,最终名单由省检相关部门予以确定,任期五年。第二,个案办理采取从听证员名单数据库中随机抽选的方式决定,且三至七名听证员中至少有一名相关专业能力者。第三,听证员因参加听证程序应当享受的补助,检察机关为实施听证制度所必需的开支,列入检察机关业务经费,并由相应政府财政予以保障。此类方式产生的个案听证员中立性、所提意见质量一定程度上将得以保障,拓宽人民群众有序参与司法渠道,深化检务公开,依法推进检察权适度司法化改革。

五、构建公正高效的听证会运行机制

听证会乃我国检察公益诉讼听证程序之核心,其公正高效运作是听证程序发挥预期效用之关键。

(一) 健全听证会公开机制

公开是检察公益诉讼听证程序能否保障公民参与权、全过程监督刚性、提升司法公信力之核心所在,主要体现在听证程序启动的公开、程序内容的公开、结果及理由的公开等三个方面:

(1) 听证程序启动的公开是保障公众能否有效参与进来的关键。具体到个案,除了提前将时间、地点、案件事由等基本信息告知当事人、听证员外,最重要的是应以特定的方式广而告之社会群众,使其可以向检察机关申请参与或旁听听证会,如在检察院官网上提前挂出听证会基本信息或以公共利益受损范围为界通知当地村委会、居委会，并由他们将消息传达给相关群众。

（2）程序内容的公开。首先，针对利益相关公民的旁听申请，除特殊情况外，原则上应该同意；其次，可结合现代网络科技，将听证会全过程暴露在阳光下，如中国检察听证网的建立，完善网络技术运作，纳入更多检察公益听证案例，以便公众了解的同时也可给其他检察公益案件听证程序的有序展开提供借鉴经验。

（3）结果及理由的公开。检察机关可在听取当事人、听证员等人陈述、意见后将作出的最终处理结果和处理结果的依据、理由通过上传中国检察听证网或将决定书送达给受损公共利益相关的村委会、居委会，委托其张贴公布于众等方式及时地告知社会群众，以便社会的审视和监督。

（二）多元化听证会运作流程

《听证工作规定》第三章已规定了检察院审查案件适用听证会的一般步骤，为检察公益诉讼听证会流程构造指明了方向，实务中各检察机关可根据公益案件类型及复杂程度予以适度调试，笔者在此不再赘述。

现代公益诉讼具有强调对社会公共利益的维护并以追求公共利益全面化和最大化之特征，这也决定了对受损公共利益进行及时性的补救成为各方之首选。对此，笔者建议，在听证会具体流程中可插入和解环节，即遵循自愿、合法、公开、不损害公共利益之原则，在行政公益领域履职不当的行政机关或民事公益领域侵权人之积极补救承诺满足受损公共利益恢复之要求，同时在出席的利益受损群众代表予以谅解情况下，可以和解方式处理案件。民事公益诉讼则由利益双方签订载明和解之具体事项的和解协议,检察官或听证员可充当和解协议之见证人,并在其上署名;行政公益诉讼则由检察机关提出检察建议的方式予以结案。反之,以上要求缺其一,检察机关则应依法定原则,综合考量各方意见后作出决定。多元化方式将案件解决在前端,可进一步提升维护社会公共利益的效率,节约司法成本,减少当事人诉累,促进公益诉讼工作更好地实现双赢多赢共赢。

(三) 听证会结果效力之保证

决定的作出必须以听证会记录和听证会上出示的相关文件为根据,这是听证程序实质存续之理。[①] 如笔者上述多元化听证流程,听证结果的产生方式有两种,一种是如《听证工作规定》所规定之检察官在事实认定、法律适用和案件处理等问题上充分听取当事人、听证员意见后依法作出决定,并向当事人宣告、送达。另一种为民事公益领域以和解协议结案,和解协议应当进行公告,公告期五日。在公告期内,公民、法人或其他组织未提出异议的,和解协议生效;行政公益领域以提出检察建议的方式结案,由检察官于当天或次日向相应行政机关宣告检察建议书。同时为保证听证结果之拘束力,履行作为公共利益"看护人"之职能,检察机关需对承诺人之补救行为或行政机关之履职行为予以持续跟进并将其反馈

---

① 类似行政法上的案卷排他性原则,即在正当法律程序中,全部听证的记录和相关的文件构成案卷,行政机关的裁决只能以案卷作为根据,案卷之外的、未经听证的事实不能作为裁决根据。该原则是正式听证的核心,如果行政裁决不以确认的事实为根据,那么听证只是一种骗局。参见杨惠基,《听证程序理论与实务》,上海人民出版社,1997 年版,第 221 页。

给利益相关当事人，如事后承诺人违背和解条款、行政机关依旧不履职或履职不当，检察机关则应依法提起公益诉讼。

小结

公开听证既是阳光司法、听取民意的过程，又是接受社会监督、规范司法行为的过程，同时也是法治宣传教育、化解社会矛盾的过程，体现了合法性、合理性、合情性的统一，实现办案的法律效果和社会效果。[①]《听证工作规定》作为首个听证程序统一性立法规范，对检察机关办理公益诉讼案件适用听证程序予以肯定并指明了方向，但其一般性规定也为实务操作带来了一些问题，如过度重视听证员而忽视利益相关公民之参与、听证会与磋商会适用案件范围模糊、听证程序公开性不够等。相比刑事、民事、行政诉讼，公益诉讼案件引入听证程序必要性、可行性凸显，独有之优势和功能为其规范化发展奠定了基础。明确适用听证程序的公益诉讼案件范围，健全、完善群众代表及听证员参与机制，构建公正、具体、有效的听证会运行机制迫在眉睫，以期发挥检察公益听证程序维护公共利益、提高行权公信力之预期效益。

---

① 张炳琪：《推进规范化常态化公开听证》，《检察日报》2020 年 7 月 22 日第 011 版，第 1 页。

附录一：

法律条文梳理

最高人民检察院关于印发《人民检察院办理民事行政抗诉案件公开审查程序试行规则》的通知【失效】

第一条　为保障公正执法、保护当事人的合法权利，根据《中华人民共和国民事诉讼法》和《中华人民共和国行政诉讼法》，人民检察院审查民事、行政抗诉案件，应当公开进行。

第二条　公开审查应当遵循公开、公正、合法原则，依法进行。

第十三条　规定人民检察院审查民事、行政案件，可以根据案情或者当事人的申请，决定听取当事人陈述。

第十四条　听取当事人陈述应当在人民检察院指定的场所进行。

第十五条　根据案情或者当事人的请求，可以分别或者同时听取当事人陈述。当事人委托代理人的，应当通知其代理人参加，听取代理人的意见。

第十六条　听取当事人陈述由审查该案件的主办检察官主持进行。

第十七条　人民检察院听取当事人陈述,应当就立案审查的人民法院已经发生法律效力的判决、裁定是否正确,听取申诉人的申诉主张和对方当事人的申诉反驳所依据的事实根据和理由,听取当事人以及与案件有关的人对事实认定、法律适用和审判程序的意见。

第十八条　当事人在陈述中,可以出示证据,对方当事人对出示的证据可以提出意见。

第十九条　听取当事人陈述应当制作笔录。笔录应交当事人阅读,并签名或盖章。

第二十条　听取当事人陈述时,可以根据案情或者当事人的请求,邀请有关专家及与案件有关的人参加。

《人民检察院刑事申诉案件公开审查程序规定(试行)》【2012年失效】

一、总则

第一条　为了深化检务公开,增强复查刑事申诉案件透明度,接受社会监督,化解社会矛盾,保证案件质量,提高工作效率,结合人民检察院复查刑事申诉案件工作实际,制定本规定。

第二条　刑事申诉案件公开审查应遵循下列原则:

(一)司法公正原则;

(二)公开透明原则;

(三)司法民主原则;

(四)权利平等原则;

(五)有错必纠原则;

(六)证据确认原则。

第三条 刑事申诉公开审查可以采取多种形式,主要应以举行听证会形式进行。

第四条 《人民检察院复查刑事申诉案件规定》第五条规定的刑事申诉案件,均适用公开审查程序。立案复查后,均可举行听证会,公开听证。但下列情形除外:

(一)案件涉及国家机密或者个人隐私的;

(二)申诉人不愿意举行听证会的;

(三)其他认为不适合举行听证会的。

第五条 人民检察院对于申诉人首次提出的申诉,可以适用公开审查程序;

上级人民检察院复查不服下级人民检察院复查决定的申诉案件,举行听证会,公开听证后作出的复查决定,申诉人没有提出事实和理由而再次申诉的,人民检察院可以不再进行复查。

第六条 举行听证会,公开听证的案件,应当聘请听证员参加听证会;听证员多数人的意见应当作为人民检察院对案件作出复查决定的重要依据。

第七条 刑事申诉案件公开审查程序应当公开进行。但应当为举报人保密。

二、听证会的组成人员及职责

第八条 参加听证会的人员包括:案件承办人(主诉检察官)、书记员,申诉员及其诉讼代理人,听证员以及其他与案件有关人员。

第九条 听证员由人民检察院根据案件的具体情况,聘请与案件没有利害关系的专家、学者、人大代表、政协委员或者其他社会人士担任。

听证员在举行听证会前临时聘请，不设常任听证员。

每次听证会聘请的听证员为三人以上的单数。

第十条　人民检察院在举行听证会前，应为听证员充分了解案情提供必要条件。

听证员在听证会上，有权向案件承办人、申诉人及其诉讼代理人提问，对案件事实和证据的认定及处理发表意见。

第十一条　参加听证会的申诉人主要是指原案当事人，也可以是原案当事人的法定代理人或者近亲属。申诉人可以委托律师或者其他诉讼代理人一同出席听证会。

申诉人及其诉讼代理人可以对原处理决定提出质疑，陈述申诉理由。

第十二条　参加听证会的案件承办人包括：作出原处理决定的检察院的原案承办人、作出原复查决定的检察院的原复查案件承办人、正在进行复查的检察院的复查案件承办人。

在听证会上，原案承办人或者原复查案件承办人，负责针对申诉理由，阐明原处理决定或者原复查决定的事实、证据和法律依据；复查案件承办人负责对案件的事实和证据进行核实。

第十三条　听证会由复查案件承办人中的主诉检察官或其中一人担任主持人，负责组织听证会的全部活动。

第十四条　听证会的书记员负责对听证会的全部活动制作笔录。

三、听证会的准备

第十五条　根据《人民检察院复查刑事申诉案件规定》第十六条规定立案复查的刑事申诉案件，复查案件承办人认为可以举行听证会的，应填写《提请听证审批表》，报控申部门负责人审核，经主管检察长批准后,举行听证会。

第十六条　对决定举行听证会的刑事申诉案件,复查部门应当进行下列工作:

（一）聘请听证员,并将本案的基本情况及原处理情况告知听证员。

（二）将听证会举行的时间、地点,在举行听证会七日以前通知参加听证会的人员。对未委托诉讼代理人的申诉人,告知其可以委托诉讼代理人。

（三）制定听证方案。

四、听证会的程序

第十七条　听证会开始前,书记员应当查明案件承办人、听证员、申诉人及其他应当参加听证会的人员是否到场,并向主持人报告。

第十八条　主持人宣布听证会开始及案由;宣布参加听证会的到场人员名单;宣布申诉人在听证会上享有的权利和承担的义务;宣布听证会纪律。

第十九条　主持人介绍申诉人的基本情况,宣读原处理决定和原复查决定。

第二十条　申诉人陈述申诉理由。申诉人委托的诉讼代理人可以就申诉人的陈述作补充说明。

第二十一条　原案承办人、或原复查案件承办人针对申诉人的申诉理由阐述原处理决定、或原复查决定认定的事实和法律依据,并展示相关的证据。

第二十二条　在主持人主持下,申诉人及其诉讼代理人、原案承办人或原复查案件承办人可以互相发问或者作补充发言。

第二十三条　复查案件承办人可以向申诉人和原案承办人或者原复查案件承办人提问。

第二十四条　主持人对于申诉人及其诉讼代理人、原案承办人或原复查案件承办人与案件无关、重复或者互相指责的发言应当制止。

第二十五条　主持人经询问申诉人及其诉讼代理人、原案承办人或原复查案件承办人没有新的补充说明后，应当请听证员向申诉人、原案承办人或原复查案件承办人提问。

听证员可以就案件的某一事实和证据发表意见，但不要就案件的法律适用及处理在此发表意见。

第二十六条　在听证会进行过程中，申诉人当场无理取闹或者发生其他致使听证会无法进行的情况，主持人应当宣布中止听证会。中止听证会的原因消失后，听证会应当恢复进行。

第二十七条　主持人宣布休会。

第二十八条　主持人组织听证员根据听证的事实对案件进行评议。听证员应当依照法律发表对案件的处理意见和表决。

第二十九条　主持人宣布听证会重新开始。

第三十条　由听证员代表宣布听证意见。听证意见应当是听证员通过表决产生的多数人意见。

第三十一条　主持人宣布复查决定另行宣告，听证会结束。

第三十二条　听证笔录经参加听证会的人员阅读后分别签名或者盖章。听证笔录应当附卷。

第三十三条　复查案件的承办人应当根据已经查明的事实、证据和有关法律规定，以听证员的听证意见为重要依据，提出对案件的处理意见，报检察长决定。

五、附则

第三十四条　本规定发布前有关人民检察院复查刑事申诉案件的解释和规定与本规定不一致的,适用本规定。

第三十五条　本规定由最高人民检察院负责解释。

第三十六条　本规定自发布之日起施行。

《人民检察院办理不起诉案件公开审查规则(试行)》【2001 年】

第一条　为保证不起诉决定的公正性,保障当事人的合法权利,规范不起诉案件公开审查程序,根据《中华人民共和国刑事诉讼法》《人民检察院刑事诉讼规则》等有关规定,结合人民检察院办理不起诉案件工作实际,制定本规则。

第二条　本规则所称不起诉案件,是指审查起诉过程中拟作不起诉决定的案件。

第三条　不起诉案件公开审查,是为了充分听取侦查机关(部门)和犯罪嫌疑人、被害人以及犯罪嫌疑人、被害人委托的人等对案件处理的意见,为人民检察院对案件是否作不起诉处理提供参考。

第六条　人民检察院对于拟作不起诉处理的案件,可以根据侦查机关(部门)的要求或者犯罪嫌疑人及其法定代理人、辩护人,被害人及其法定代理人、辩护人,被害人及其法定代理人、诉讼代理人的申请,经检察长决定,进行公开审查。

第七条　人民检察院对不起诉案件进行公开审查,应当听取侦查机关(部门),犯罪嫌疑人及其法定代理人、辩护人,被害人及法定代理人、诉讼代理人的意见。听取意见可以分别进行,也可以同时进行。

第八条　公开审查活动应当在人民检察院进行，也可以在人民检察院指定的场所进行。

第九条　公开审查活动应当由案件承办人主持进行，并配备书记员记录。

第十条　不起诉案件公开审查时，允许公民旁听；可以邀请人大代表、政协委员、特约检察员参加；可以根据案件需要或者当事人的请求，邀请有关专家及与案件有关的人参加；经人民检察院许可，新闻记者可以旁听和采访。

对涉及国家财产、集体财产遭受损失的案件，可以通知有关单位派代表参加。

第十一条　人民检察院在公开审查三日前，应当向社会公告案由、公开审查的时间和地点，并通知参加公开审查活动的人员。

第十二条　人民检察院在公开审查时，应当公布案件承办人和书记员的姓名，宣布案由以及公开审查的内容、目的，告知当事人有关权利和义务，并询问是否申请回避。

第十三条　人民检察院主要就案件拟作不起诉处理听取侦查机关（部门），犯罪嫌疑人及其法定代理人，诉讼代理人的意见。

第十四条　案件承办人应当根据案件证据，依照法律的有关规定，阐述不起诉的理由，但不需要出示证据。

参加公开审查的侦查人员，犯罪嫌疑人及其法定代理人、辩护人、被害人及其法定代理人、诉讼代理人可以就案件事实、证据、适用的法律以及是否应予不起诉，各自发表意见，但不能直接进行辩护。

第十五条　公开审查的活动内容由书记员制作笔录。笔录应当交参加公开审查的侦查人员，犯罪嫌疑人及其法定代理人、辩护人,被害人及其法定代理人、诉讼代理人阅读或者向其宣读,如果认为记录有误或有遗漏的,可以请求补充或更正,确认无误后,应当签名或盖章。

第十六条 公开审查活动结束后,应当制作不起诉案件公开审查的情况报告。报告中应当重点写明公开审查过程中各方一致性意见或者存在的主要分歧,并提出起诉或者不起诉的建议,连同公开审查笔录,呈报检察长或者检察委员会,作为案件是否作出不起诉决定的参考。

《人民检察院信访工作规定》【2007 年】

第三十九条 第二款重大、复杂、疑难信访事项的答复应当由承办部门和控告申诉检察部门共同负责,必要时可以举行公开听证,通过答询、辩论、评议、合议等方式,辩明事实,分清责任,做好化解矛盾、教育疏导工作。

最高人民检察院关于印发《最高人民检察院关于实行人民监督员制度的规定》的通知【2010 年】

第三十六条 人民检察院应当为人民监督员履行职责提供下列条件:

(一)适时通报人民检察院重大工作部署、决策和其他检察工作情况;

(二)每年至少一次向人民监督员通报办理直接受理立案侦查案件工作情况;

(三)邀请人民监督员参加、列席有关会议,参与执法检查、案件公开审查和听证等活动;

（四）提供履行监督职责所需的工作场所；

（五）帮助人民监督员了解和掌握相关法律知识、检察业务知识；

（六）提供履行职责所必需的其他条件。

最高人民检察院关于印发《人民检察院刑事申诉案件公开审查程序规定》的通知【2012 年】

第一章　总则

第一条　为了进一步深化检务公开，增强办理刑事申诉案件透明度，接受社会监督，保证办案质量，促进社会矛盾化解，维护申诉人的合法权益，提高执法公信力，根据《中华人民共和国刑事诉讼法》《人民检察院复查刑事申诉案件规定》等有关法律和规定，结合刑事申诉检察工作实际，制定本规定。

第二条　本规定所称公开审查是人民检察院在办理不服检察机关处理决定的刑事申诉案件过程中，根据办案工作需要，采取公开听证以及其他公开形式，依法公正处理案件的活动。

第三条　人民检察院公开审查刑事申诉案件应当遵循下列原则：（一）依法、公开、公正；（二）维护当事人合法权益；（三）维护国家法制权威；（四）方便申诉人及其他参加人。

第四条　人民检察院公开审查刑事申诉案件包括公开听证、公开示证、公开论证和公开答复等形式。同一案件可以采用一种公开形式，也可以多种公开形式并用。

第五条　对于案件事实、适用法律存在较大争议，或者有较大社会影响等刑事申诉案件，人民检察院可以适用公开审查程序，但下列情形除外：（一）案件涉及国家秘密、商业秘密或者个人隐私的;(二)申诉人不愿意进行公开审查的;(三)未成年人犯罪的;(四)具有其他不适合进行公开审查情形的。

第六条 刑事申诉案件公开审查程序应当公开进行,但应当为举报人保密。

第二章 公开审查的参加人员及责任

第七条 公开审查活动由承办案件的人民检察院组织并指定主持人。

第八条 人民检察院进行公开审查活动应当根据案件具体情况,邀请与案件没有利害关系的人大代表、政协委员、人民监督员、特约检察员、专家咨询委员、人民调解员或者申诉人所在单位、居住地的居民委员会、村民委员会人员以及专家、学者等其他社会人士参加。接受人民检察院邀请参加公开审查活动的人员称为受邀人员,参加听证会的受邀人员称为听证员。

第九条 参加公开审查活动的人员包括:案件承办人、书记员、受邀人员、申诉人及其委托代理人、原案其他当事人及其委托代理人。经人民检察院许可的其他人员,也可以参加公开审查活动。

第十条 原案承办人或者原复查案件承办人负责阐明原处理决定或者原复查决定认定的事实、证据和法律依据。复查案件承办人负责阐明复查认定的事实和证据,并对相关问题进行解释和说明。书记员负责记录公开审查的全部活动。根据案件需要可以录音录像。

第十一条 申诉人、原案其他当事人及其委托代理人认为受邀人员与案件有利害关系,可能影响公正处理的,有权申请回避。申请回避的应当说明理由。受邀人员的回避由分管检察长决定。

第十二条　申诉人、原案其他当事人及其委托代理人可以对原处理决定提出质疑或者维持的意见，可以陈述事实、理由和依据；经主持人许可，可以向案件承办人提问。

第十三条　受邀人员可以向参加公开审查活动的相关人员提问，对案件事实、证据、适用法律及处理发表意见。受邀人员参加公开审查活动应当客观公正。

第三章　公开审查的准备

第十四条　人民检察院征得申诉人同意，可以主动提起公开审查，也可以根据申诉人及其委托代理人的申请，决定进行公开审查。

第十五条　人民检察院拟进行公开审查的，复查案件承办人应当填写《提请公开审查审批表》，经部门负责人审核，报分管检察长批准。

第十六条　公开审查活动应当在人民检察院进行。为了方便申诉人及其他参加人，也可以在人民检察院指定的场所进行。

第十七条　进行公开审查活动前，应当做好下列准备工作：（一）确定参加公开审查活动的受邀人员，将公开审查举行的时间、地点以及案件基本情况，在活动举行七日之前告知受邀人员，并为其熟悉案情提供便利。（二）将公开审查举行的时间、地点和受邀人员在活动举行七日之前通知申诉人及其他参加人。对未委托代理人的申诉人，告知其可以委托代理人。（三）通知原案承办人或者原复查案件承办人，并为其重新熟悉案情提供便利。（四）制定公开审查方案。

第四章　公开审查的程序

第十八条　人民检察院对于下列刑事申诉案件可以召开听证

会,对涉案事实和证据进行公开陈述、示证和辩论,充分听取听证员的意见,依法公正处理案件:(一)案情重大复杂疑难的;(二)采用其他公开审查形式难以解决的;(三)其他有必要召开听证会的。

第十九条　听证会应当在刑事申诉案件立案后、复查决定作出前举行。

第二十条　听证会应当邀请听证员,参加听证会的听证员为三人以上的单数。

第二十一条　听证会应当按照下列程序举行:(一)主持人宣布听证会开始;宣布听证员和其他参加人员名单、申诉人及其委托代理人享有的权利和承担的义务、听证会纪律。(二)主持人介绍案件基本情况以及听证会的议题。(三)申诉人、原案其他当事人及其委托代理人陈述事实、理由和依据。(四)原案承办人、原复查案件承办人阐述原处理决定、原复查决定认定的事实和法律依据,并出示相关证据。复查案件承办人出示补充调查获取的相关证据。(五)申诉人、原案其他当事人及其委托代理人与案件承办人经主持人许可,可以相互发问或者作补充发言。对有争议的问题,可以进行辩论。(六)听证员可以向案件承办人、申诉人、原案其他当事人提问,就案件的事实和证据发表意见。(七)主持人宣布休会,听证员对案件进行评议。听证员根据听证的事实、证据,发表对案件的处理意见并进行表决,形成听证评议意见。听证评议意见应当是听证员多数人的意见。(八)由听证员代表宣布听证评议意见。(九)申诉人、原案其他当事人及其委托代理人最后陈述意见。(十)主持人宣布听证会结束。

第二十二条　听证记录经参加听证会的人员审阅后分别签名或者盖章。听证记录应当附卷。

第二十三条　复查案件承办人应当根据已经查明的案件事实和证据，结合听证评议意见，依法提出对案件的处理意见。经部门集体讨论，负责人审核后，报分管检察长决定。案件的处理意见与听证评议意见不一致时，应当提交检察委员会讨论。

第二十四条　人民检察院采取除公开听证以外的公开示证、公开论证和公开答复等形式公开审查刑事申诉案件的，可以参照公开听证的程序进行。采取其他形式公开审查刑事申诉案件的，可以根据案件具体情况，简化程序，注重实效。

第二十五条　申诉人对案件事实和证据存在重大误解的刑事申诉案件，人民检察院可以进行公开示证，通过展示相关证据，消除申诉人的疑虑。

第二十六条　适用法律有争议的疑难刑事申诉案件，人民检察院可以进行公开论证，解决相关争议，以正确适用法律。

第二十七条　刑事申诉案件作出决定后，人民检察院可以进行公开答复，做好解释、说明和教育工作，预防和化解社会矛盾。

第五章　其他规定

第二十八条　公开审查刑事申诉案件应当在规定的办案期限内进行。

第二十九条　在公开审查刑事申诉案件过程中，出现致使公开审查无法进行的情形的，可以中止公开审查。中止公开审查的原因消失后，人民检察院可以根据案件情况决定是否恢复公开审查活动。

第三十条　根据《人民检察院办理不起诉案件公开审查规则》举行过公开审查的，同一案件复查申诉时可以不再举行公开听证。

第三十一条　根据《人民检察院信访工作规定》举行过信访听

证的,同一案件复查申诉时可以不再举行公开听证。

第三十二条 本规定下列用语的含意是：(一)申诉人,是指当事人及其法定代理人、近亲属中提出申诉的人。(二)原案其他当事人,是指原案中除申诉人以外的其他当事人。(三)案件承办人包括原案承办人、原复查案件承办人和复查案件承办人。原案承办人,是指作出诉讼终结决定的案件承办人;原复查案件承办人,是指作出原复查决定的案件承办人;复查案件承办人,是指正在复查的案件承办人。

第六章 附则

第三十三条 本规定自发布之日起施行,2000 年 5 月 24 日发布的《人民检察院刑事申诉案件公开审查程序规定(试行)》同时废止。

《人民检察院民事诉讼监督规则(试行)》【2013 年】

第五十七条 人民检察院审查民事诉讼监督案件,认为确有必要的,可以组织有关当事人听证。

根据案件具体情况,可以邀请与案件没有利害关系的人大代表、政协委员、人民监督员、特约检察员、专家咨询委员、人民调解员或者当事人所在单位、居住地的居民委员会委员以及专家、学者等其他社会人士参加听证。

第五十八条 人民检察院组织听证,由承办该案件的检察人员主持,书记员负责记录。

听证应当在人民检察院专门听证场所内进行。

第五十九条 人民检察院组织听证,应当在听证三日前通知参加听证的当事人,并告知听证的时间、地点。

第六十条　参加听证的当事人和其他相关人员应当按时参加听证，当事人无正当理由缺席或者未经许可中途退席的，不影响听证程序的进行。

第六十一条　听证应当围绕民事诉讼监督案件中的事实认定和法律适用等问题进行。

对当事人提交的证据材料和人民检察院调查取得的证据，应当充分听取各方当事人的意见。

第六十二条　听证应当按照下列顺序进行：

（一）申请人陈述申请监督请求、事实和理由；

（二）其他当事人发表意见；

（三）申请人和其他当事人提交新证据的，应当出示并予以说明；

（四）出示人民检察院调查取得的证据；

（五）案件各方当事人陈述对听证中所出示证据的意见；

（六）申请人和其他当事人发表最后意见。

第六十三条　听证应当制作笔录，经当事人校阅后，由当事人签名或者盖章。拒绝签名盖章的，应当记明情况。

第六十四条　参加听证的人员应当服从听证主持人指挥。

对违反听证秩序的，人民检察院可以予以训诫，责令退出听证场所；对哄闹、冲击听证场所，侮辱、诽谤、威胁、殴打检察人员等严重扰乱听证秩序的，依法追究责任。

最高人民检察院关于印发《人民检察院办理未成年人刑事案件的规定》的通知【2013 年修订】

第三十一条　公安机关或者被害人对附条件不起诉有异议或

争议较大的案件,人民检察院可以召集侦查人员、被害人及其法定代理人、诉讼代理人、未成年犯罪嫌疑人及其法定代理人、辩护人举行不公开听证会,充分听取各方的意见和理由。

对于决定附条件不起诉可能激化矛盾或者引发不稳定因素的,人民检察院应当慎重适用。

最高人民检察院关于印发《人民检察院复查刑事申诉案件规定》的通知【2014 年】

第四条　人民检察院复查刑事申诉案件,根据办案工作需要,可以采取公开听证、公开示证、公开论证和公开答复等形式,进行公开审查。

《最高人民检察院关于进一步加强未成年人刑事检察工作的通知》【2014 年】

三、进一步完善未成年人刑事检察工作制度机制,着力推动专业化体系构建。未成年人刑事检察工作的持续发展有赖于适合未成年人身心特点的制度机制建设。要进一步加强未成年人刑事检察工作制度机制建设:一是进一步细化特殊程序办案规定。要根据办案需要,建立未成年人刑事检察专门办案场所,开辟适合未成年人身心特点的未成年人刑事检察工作室,并规范讯问(询问)未成年人和不起诉训诫、宣布、不公开听证等特殊程序,逐步建立讯问(询问)未成年人的录音、录像制度。二是进一步完善政法机关办理未成年人刑事案件衔接配合机制。加强与共青团组织、综治委等部门的联系,根据修改后刑事诉讼法的要求,及时完善办理未成年人刑事案件配套工作体系,在工作评价标准、社会调查、逮捕必要性证据收集与移送、法律援助、分案起诉等需要配合的制度上相互衔接，形成工作体系和有效合力。三是建立未成年人刑事检察工作异地协助机制。对异地检察机关提出协助社会调查、附条件不起诉监督考察、跟踪帮教、社区矫正、犯罪记录封存等请求的，协作地检察机关应当及时予以配合。必要时，可以通过共同的上级检察机关未成年人刑事检察部门进行沟通协调，切实提升帮教、挽救工作水平。

最高人民检察院关于印发《最高人民检察院关于依法保障律师执业权利的规定》的通知【2014 年】

第十条　人民检察院应当依法保障律师在民事、行政诉讼中的代理权。在民事行政检察工作中，当事人委托律师代理的，人民检察院应当尊重律师的权利，依法听取律师意见，认真审查律师提交的证据材料。律师根据当事人的委托要求参加人民检察院案件听证的，人民检察院应当允许。

最高人民检察院关于印发《最高人民检察院远程视频接访办法（试行）》的通知【2014 年】

第二十条　各级人民检察院应当积极拓宽远程视频接访系统的应用范围。可以根据实际工作需要，通过该系统开展询问当事人、上下级会商案情、公开听证等工作。

《最高人民检察院关于全面推进检务公开工作的意见》【2015 年】

第三条　第 1 项　"完善公开审查制度。对存在较大争议或在当地有较大社会影响的拟作不起诉案件、刑事申诉案件，实行公开审查。对于在案件事实、适用法律方面存在较大争议或在当地有较大影响的审查逮捕、羁押必要性审查、刑事和解等案件，提起抗诉的案件以及不支持监督申请的案件，探索实行公开审查。"

《人民检察院办理羁押必要性审查案件规定(试行)》【2016 年】

第十四条　人民检察院可以对羁押必要性审查案件进行公开审查。但是，涉及国家秘密、商业秘密、个人隐私的案件除外。公开审查可以邀请与案件没有利害关系的人大代表、政协委员、人民监督员、特约检察员参加。

最高人民检察院关于印发《最高人民检察院关于实行检察官以案释法制度的规定》的通知【2017 年修订】

第十六条　向社会公众以案释法可以通过下列方式进行：

（一）利用公开发行的报刊、广播电台和电视台等传统媒体开展以案释法；

（二）利用检察官方微博、微信、微视频、客户端等新媒体开展以案释法；

（三）利用检务大厅、检察案件信息公开平台发布相关信息开展以案释法；

（四）召开新闻发布会开展以案释法；

（五）通过案件公开复查、举行听证会、建立警示教育基地等开展以案释法；

（六）组织普法讲师团、普法志愿者进机关、进乡村、进社区、进学校、进企业、进单位开展以案释法；

（七）通过其他方式开展以案释法。

最高人民检察院关于印发《未成年人刑事检察工作指引（试行）》的通知【2017 年】

第八条 【专用工作设施】人民检察院应当建立适合未成年人身心特点的未检专用工作室，配备同步录音录像、心理疏导、心理测评等相关办案装备和设施，为讯问、询问未成年人，教育感化涉罪未成年人和保护救助未成年被害人，司法听证、宣布、训诫提供合适场所和环境。

第一百五十六条 【不公开听证】人民检察院对于在押的未成年犯罪嫌疑人是否应当逮捕存在较大争议的，可以举行不公开听证，当面听取各方面意见。

决定举行不公开听证的，一般应当通知未成年犯罪嫌疑人及其法定代理人或者合适成年人、辩护人、侦查人员、被害人及未成年被害人的法定代理人、诉讼代理人等到场。必要时，可以通知羁押场所监管人员、社会调查员等到场。

听证过程应当形成书面记录，交听证参与各方签字确认。听证情况应当在审查逮捕意见书中载明。

对犯罪嫌疑人没有在押的，不宜进行听证。犯罪嫌疑人在押的，可以在看守所举行听证，也可以采用远程视频方式进行听证。

第一百七十七条 【不公开听证会】人民检察院对于社会影响较大或者争议较大的案件，在作出相对不起诉决定前，可以邀请侦查人员、未成年犯罪嫌疑人及其法定代理人、合适成年人、辩护人、被害人及其法定代理人、诉讼代理人、社会调查员、帮教人员等，召开不起诉听证会，充分听取各方的意见和理由，并制作听证笔录，由参与人员签字确认。

不起诉听证会应当不公开进行。人民检察院应当告知参与人员不得泄露涉案信息，注意保护未成年人的隐私。

第一百八十八条 【不公开听证】对于公安机关或者被害人对附条件不起诉有异议，或者案件本身争议、社会影响较大等，人民检察院可以举行不公开听证会。具体要求参照本指引第一百七十七条。

最高人民法院、最高人民检察院、司法部关于逐步实行律师代理申诉制度的意见【2017 年】

六、扩大律师服务工作范围。律师在代理申诉过程中，可以开展以下工作：听取申诉人诉求，询问案件情况，提供法律咨询；对经审查认为不符合人民法院或者人民检察院申诉立案条件的，做好法律释明工作；对经审查符合人民法院或者人民检察院申诉立案条件的，为申诉人代写法律文书，接受委托代为申诉；经审查认为可能符合法律援助条件的，协助申请法律援助；接受委托后，代为提交申诉材料，接收法律文书，代理参加听证、询问、讯问和开庭等。

十一、完善律师代理申诉公开机制。对律师代理的申诉案件，除法律规定不能公开、当事人不同意公开或者其他不适宜公开的情形，人民法院、人民检察院可以公开立案、审查程序，并告知申诉人及其代理律师审查结果。案件疑难、复杂的，申诉人及其代理律师可以申请举行公开听证，人民法院、人民检察院可以依申请或者依职权进行公开听证，并邀请相关领域专家、人大代表、政协委员及群众代表等社会第三方参加。

最高人民检察院关于印发《关于建立未成年人检察工作评价机制的意见(试行)》的通知【2017 年】

(五) 专业化建设

3. 专业办案区建设情况。办案区要进行必要的区域划分，具备讯（询）问、心理疏导、听证、宣告、法治教育等功能，配备适合未成年人身心特点的办案装备和设施，为检察机关教育感化挽救涉罪未成年人、保护救助未成年被害人提供合适环境。

最高人民法院、最高人民检察院、公安部、司法部关于印发《关于依法处理涉法涉诉信访工作衔接配合的规定》的通知【2017 年】

第十二条　对于当事人救济权利已经充分行使仍缠访缠诉，社会影响较大的涉法涉诉信访案件，人民法院、人民检察院、公安机关、司法行政机关可以联合接待信访人，或者联合召开案件听证会，共同做好化解息诉工作。

最高人民检察院关于印发《2018—2022 年检察改革工作规划》的通知【2018 年】

4. 完善审查逮捕工作机制。全面科学把握逮捕条件，完善逮捕必要性审查机制，依法保障犯罪嫌疑人合法权益。建立有重大影响案件审查逮捕听证制度，健全讯问犯罪嫌疑人、听取辩护人意见工作机制。完善羁押必要性审查制度，减少不必要的羁押。

最高人民检察院、生态环境部及国家发展和改革委员会等关于印发《关于在检察公益诉讼中加强协作配合依法打好污染防治攻坚战的意见》的通知【2019 年】

五、关于诉前程序的问题

13. 明确行政执法机关履职尽责的标准。对行政执法机关不依法履行法定职责的判断和认定，应以法律规定的行政执法机关法定职责为依据，对照行政执法机关的执法权力清单和责任清单，以是否采取有效措施制止违法行为、是否全面运用法律法规、规章和规范性文件规定的行政监管手段、国家利益或者社会公共利益是否得到了有效保护为标准。检察机关和行政执法机关要加强沟通和协调，可通过听证、圆桌会议、公开宣告等形式，争取诉前工作效果最大化。最高人民检察院会同有关行政执法机关及时研究出台文件，明确行政执法机关不依法履行法定职责的认定标准。

最高人民检察院关于印发《人民检察院检察听证室设置规范》的通知【2020 年】

为充分体现人民检察院案件听证的庄重性、严肃性、规范性，在总结各地案件听证实践经验的基础上，对人民检察院检察听证室设置作以下规范。

一、名称和标识

人民检察院应当设置专门的案件听证场所，用于案件听证活动。案件听证场所统一称"检察听证室"。检察听证室门外适当位置悬挂"检察听证室"标识牌，标识牌的材质、大小、字体、颜色等根据实际情况设定，做到规范、醒目、美观。

二、基本设置

检察听证室应当立足本院现有办公用房情况，充分利用原有可用设施，合理规划设计。听证室原则上设在地上一层，房间面积根据实际情况确定，以庄重、宽敞，能够正常开展案件听证活动为原则。同时，参照《检察机关听证室建设技术指引》，确保满足听证网接入及音视频采集处理、示证展示、存储等设备的布置和使用需求。

1. 房间整体色调。检察听证室天花板及四周墙壁漆乳白色，以显轩敞、庄严。

2. 背景墙。背景墙尺寸规格根据房间面积、层高综合设计。颜色为标准蓝色背景，选用不反光、不透明的金属烤漆板、亚克力板、人造石、布艺硬包以及烤漆玻璃等适合做蓝色（检察蓝）背景的材质。背景墙上方正中处悬挂国徽。国徽下方居中标注"检察听证"字样，使用"大黑"字体；最下方居中标注检察院名称，使用"大标宋"字体，统一采用金黄色金属悬挂方式。有条件的地方，背景墙可加射灯照明。国徽规格、字体大小与背景墙大小相协调。

3. 桌椅规格。检察听证室采用长条桌，造型应庄重、大方，宽度不少于50cm。桌椅数量视听证室大小和听证人员情况确定，颜色以褐色或原木色为宜，与听证室总体色调相适应。

4. 桌椅摆放形式。听证会场不设主席台，在同一水平地面上，用长条桌围成不封闭的四边形会场，相对间距不少于2米。视听证室空间大小设置旁听席位，有条件的可设置媒体记者席位。

三、席位设置

听证会席位设置应当符合平等参与、统一规范、办案安全的原则。

1. 主办检察官或独任检察官席位：在检察听证室背景墙一侧居中设置主办检察官或独任检察官席位，名牌为"主办检察官"或者"检察官"。检察长主持听证的，名牌为"检察长"。

2. 检察官、检察官助理席位：检察官、检察官助理席位在主办检察官或独任检察官席位同侧左右设置，名牌为"检察官"或"检察官助理"。检察长主持听证时，办案团队人员参加听证的，名牌为其在办案团队中的实际称谓，即"主办检察官""检察官"或"检察官助理"。

3. 书记员席位：书记员席位在主办检察官或独任检察官同侧末端设置，名牌为"书记员"。

4. 听证员席位：听证员席位面对背景墙设置，名牌为"听证员"。

5. 案件当事人席位：案件当事人席位分两侧相对设置，不同类型案件听证会当事人的名牌，按相应法律规定的称谓标注。《行政公益诉讼案件听证会席位图》中的"行政机关""相关主体或者代表"、《民事公益诉讼案件听证会席位图》中的"涉嫌侵害公益的主体""相关主体或者代表"，名牌分别为行政机关或者自然人、法人以及其他组织的名称。

6. 旁听人员席位：听证会可以设置旁听人员席位，位于听证员席位后排，在适当位置摆放"旁听席"名牌。

7. 司法警察席位：根据听证会现场及安全风险情况，灵活设置司法警察席位的数量和位置。有犯罪嫌疑人参加听证的，司法警察席位设在犯罪嫌疑人席位后排。

最高人民检察院关于印发《人民检察院办理刑事申诉案件规定》的通知【2020年】

第六条　人民检察院办理刑事申诉案件，根据办案工作需要，可以采取公开听证、公开答复等方式，公开、公正处理案件。

第十七条　对受理的刑事申诉案件，控告申诉检察部门应当进行审查。

审查刑事申诉案件，应当审查申诉材料、原案法律文书，可以调取相关人民检察院审查报告、案件讨论记录等材料，可以听取申诉人、原案承办人员意见。

对于首次向人民检察院提出的刑事申诉案件，应当调阅原案卷宗进行审查，并听取申诉人或者其委托代理律师意见。必要时可以采用公开听证方式进行审查。

第二十五条　审查刑事申诉案件应当制作刑事申诉审查报告。听取意见、释法说理、公开听证等活动应当制作笔录。

第五十七条　对重大、疑难、复杂的刑事申诉案件，人民检察院可以进行公开听证，对涉案事实、证据、法律适用等有争议问题进行公开陈述、示证、论证和辩论，充分听取各方意见，依法公正处理案件。

最高人民检察院发布的《人民检察院审查案件听证工作规定》【2020 年】

第一章　总则

第一条　为深化履行法律监督职责，进一步加强和规范人民检察院以听证方式审查案件工作，切实促进司法公开，保障司法公正，提升司法公信，落实普法责任，促进矛盾化解，根据《中华人民共和国人民检察院组织法》等法律规定，结合检察工作实际，制定本规定。

第二条　本规定中的听证，是指人民检察院对于符合条件的案件，组织召开听证会，就事实认定、法律适用和案件处理等问题听取听证员和其他参加人意见的案件审查活动。

第三条　人民检察院以听证方式审查案件，应当秉持客观公正立场，以事实为根据，以法律为准绳，做到依法独立行使检察权与保障人民群众的知情权、参与权和监督权相结合。

第四条　人民检察院办理羁押必要性审查案件、拟不起诉案件、刑事申诉案件、民事诉讼监督案件、行政诉讼监督案件、公益诉讼案件等,在事实认定、法律适用、案件处理等方面存在较大争议,或者有重大社会影响,需要当面听取当事人和其他相关人员意见的,经检察长批准,可以召开听证会。

人民检察院办理审查逮捕案件,需要核实评估犯罪嫌疑人是否具有社会危险性、是否具有社会帮教条件的,可以召开听证会。

第五条　拟不起诉案件、刑事申诉案件、民事诉讼监督案件、行政诉讼监督案件、公益诉讼案件的听证会一般公开举行。

审查逮捕案件、羁押必要性审查案件以及当事人是未成年人案件的听证会一般不公开举行。

第二章　听证会参加人

第六条　人民检察院应当根据案件具体情况,确定听证会参加人。听证会参加人除听证员外,可以包括案件当事人及其法定代理人、诉讼代理人、辩护人、第三人、相关办案人员、证人和鉴定人以及其他相关人员。

第七条　人民检察院可以邀请与案件没有利害关系并同时具备下列条件的社会人士作为听证员:

(一)年满二十三周岁的中国公民;

(二)拥护中华人民共和国宪法和法律;

(三)遵纪守法、品行良好、公道正派;

(四)具有正常履行职责的身体条件。

有下列情形之一的,不得担任听证员:

(一)受过刑事处罚的;、

(二)被开除公职的;

(三)被吊销律师、公证员执业证书的;

（四）其他有严重违法违纪行为，可能影响司法公正的。

参加听证会的听证员一般为三至七人。

第八条　人民检察院可以邀请人民监督员参加听证会，依照有关规定接受人民监督员监督。

第三章　听证会程序

第九条　人民检察院可以根据案件办理需要，决定召开听证会。当事人及其辩护人、代理人向审查案件的人民检察院申请召开听证会的，人民检察院应当及时作出决定，告知申请人。不同意召开听证会的，应当向申请人说明理由。

第十条　人民检察院决定召开听证会的，应当做好以下准备工作：

（一）制定听证方案，确定听证会参加人；

（二）在听证三日前告知听证会参加人案由、听证时间和地点；

（三）告知当事人主持听证会的检察官及听证员的姓名、身份；

（四）公开听证的，发布听证会公告。

第十一条　听证员确定后，人民检察院应当向听证员介绍案件情况、需要听证的问题和相关法律规定。

第十二条　听证会一般在人民检察院检察听证室举行。有特殊情形的，经检察长批准也可以在其他场所举行。

听证会席位设置按照有关规定执行。

第十三条　听证会一般由承办案件的检察官或者办案组的主办检察官主持。

检察长或者业务机构负责人承办案件的，应当担任主持人。

第十四条　听证会开始前，人民检察院应当确认听证员、当事人和其他参加人是否到场，宣布听证会的程序和纪律。

第十五条　听证会一般按照下列步骤进行：

（一）承办案件的检察官介绍案件情况和需要听证的问题；

（二）当事人及其他参加人就需要听证的问题分别说明情况；

（三）听证员向当事人或者其他参加人提问；

（四）主持人宣布休会，听证员就听证事项进行讨论；

（五）主持人宣布复会，根据案件情况，可以由听证员或者听证员代表发表意见；

（六）当事人发表最后陈述意见；

（七）主持人对听证会进行总结。

第十六条　听证员的意见是人民检察院依法处理案件的重要参考。拟不采纳听证员多数意见的，应当向检察长报告并获同意后作出决定。

第十七条　人民检察院充分听取各方意见后，根据已经查明的事实、证据和有关法律规定，能够当场作出决定的，应当由听证会主持人当场宣布决定并说明理由；不能当场作出决定的，应当在听证会后依法作出决定，向当事人宣告、送达，并将作出的决定和理由告知听证员。

第十八条　听证过程应当由书记员制作笔录，并全程录音录像。

听证笔录由听证会主持人、承办检察官、听证会参加人和记录人签名或者盖章。笔录应当归入案件卷宗。

第十九条　公开听证的案件，公民可以申请旁听，人民检察院可以邀请媒体旁听。经检察长批准，人民检察院可以通过中国检察听证网和其他公共媒体，对听证会进行图文、音频、视频直播或者录播。

公开听证直播、录播涉及的相关技术和工作规范，依照有关规定执行。

第二十条　听证的期间计入办案期限。

第四章　附则

第二十一条　人民检察院听证活动经费按照人民检察院财务管理办法有关规定执行，不得向当事人收取费用。

第二十二条　参加不公开听证的人员应当严格遵守有关保密规定。

故意或者过失泄露国家秘密、商业秘密或者办案秘密的，依纪依法追究责任人员的纪律责任和法律责任。

第二十三条　本规定自公布之日起施行。

最高人民检察院以前发布的相关规范性文件与本规定不一致的，以本规定为准。

附录二：

全国 5 起典型案例的听证程序梳理

案例一 江苏陈某故意伤害案——以听证促和解，实现案结事了人和

（一）基本案情

2019 年 9 月 17 日晚，犯罪嫌疑人陈某来到江苏省南通市通州区东社镇某民营家具厂车间，与其同事被害人李某因工作原因发生争吵。陈某使用一块多层板朝李某腰部捅了一下，李某使用多层板回捅。随后双方使用多层板相互扔砸。其间，李某被陈某砸中面部，左侧上颌骨及左侧颧骨骨折。经鉴定，为轻伤二级。2019 年 10 月 28 日，陈某被南通市通州区公安局传唤到案，如实供述了上述事实。

（二）听证程序

2020 年 6 月 23 日，公安机关以陈某涉嫌故意伤害罪将该案移送南通市通州区检察院审查起诉。承办检察官在审查该案中发现，当事人双方系工友关系，平时关系良好。鉴于该案由民间纠纷引发，为彻底消除双方对立情绪，化解矛盾，推进司法公开，提升司

法公信，南通市通州区检察院决定于 2020 年 7 月 17 日召开公开听证会。

一是认真做好听证准备。听证会召开之前，南通市通州区检察院制定详细听证方案，邀请人大代表、政协委员等 3 人担任听证员参与公开听证会，并提前向听证员介绍该案案情、需要听证问题以及有关法律规定。同时，确定犯罪嫌疑人陈某、被害人李某以及公安机关侦查人员作为听证会参加人，为听证会召开做好充分准备。

二是公开听证规范进行。为彰显司法透明、推进司法公正，南通市通州区检察院依照《人民检察院检察听证室设置规范》设置听证会席位，通过"中国检察听证网"对本次听证会进行互联网直播，当事人所在单位同事等社会公众观看直播。听证会由院领导主持，承办检察官介绍案件事实和需要听证的问题，侦查人员与双方当事人相继发表了意见，听证员进行了充分提问与认真评议。

三是促进刑事和解。承办检察官向犯罪嫌疑人陈某释法说理，同时建议被害人李某按照相关赔偿标准提出合理的赔偿金额。陈某主动筹措赔偿款项，在检察机关见证下与李某签署和解协议。

听证员评议后发表意见，认为该案符合不起诉适用条件，可以对陈某作出相对不起诉处理决定。经审查，南通市通州区检察院采纳了听证员意见，认为该案双方当事人达成刑事和解，犯罪嫌疑人陈某犯罪情节轻微，可以作不起诉处理。2020 年 7 月 20 日，检察院对陈某作出相对不起诉处理决定，并及时将处理决定和相关理由告知听证员，该纠纷得以化解。

（三）典型意义

检察官在听证会召开前，制定听证方案，确定人大代表、政协委员、人民监督员、案件当事人、公安机关侦查人员等听证参加人，以保障听证程序顺利进行。经过检察官介绍案情、当事人说明情况、听证员提问评议、当事人最后陈述等听证程序，检察官从化解民间矛盾纠纷、修复受损社会关系角度出发，释法说理，把握刑事和解契机，化解了民间纠纷，消弭了信访风险，实现了案结事了人和。

案例二　浙江孙某刑事申诉案——以听证化解积怨，推动息诉息访

（一）基本案情

2012 年 4 月 22 日，王某在浙江省慈溪市某牛排馆约见网友申诉人孙某。其间，被王某丈夫俞某发现，当即发生争执，俞某纠集多人在牛排馆门口聚集。王某到门口向俞某解释无果，就打电话让孙某离开。孙某从二楼窗户向一楼攀爬过程中不慎坠地，导致颅脑重伤，被评定为二级伤残。

孙某要求公安机关追究俞某故意伤害的刑事责任。2014 年 8 月 6 日，慈溪市公安局以没有犯罪事实为由作出不予立案决定，后经复议，维持不立案决定。孙某遂于同年 8 月 26 日向慈溪市检察院申请立案监督。慈溪市检察院经审查于 9 月 28 日作出答复函，不支持立案监督申请。孙某不服，通过检察机关信访途径主张权利长达 6 年。其间，在检察机关建议下，孙某于 2016 年 6 月向慈溪市法院提起民事诉讼，法院判决俞某负次要责任，承担孙某摔伤各项损失的 20% 和精神损害抚慰金，共计 12 万余元。但孙某心中症结仍然未解开，先后几十次信访。

（二）听证程序

该案属于多年信访积案，慈溪市检察院按照有关要求将该案

逐级上报最高人民检察院。2020 年 6 月 4 日最高人民检察院有关厅局主要负责同志在慈溪市检察院组织公开听证会，并担任听证会主持人。

一是细致调查走访，认真准备听证会。最高检有关厅局主要负责同志带案下访，亲自参与矛盾化解，指导慈溪市检察院承办检察官下村镇走访，当面了解申诉人诉求，全面听取各方意见，为听证会的顺利召开打下良好基础。

二是以四级联播方式，形成公开听证示范。听证会通过浙江省检察院连线最高检，在全国四级检察机关进行网络直播。会场及听证设备严格按照有关规定布置。听证过程中的案件情况和听证问题说明、听证参加人提问、听证员评议等环节规范进行，起到了很好的示范作用。

三是听取各方意见，澄清争议问题。听证会邀请人大代表、政协委员及村镇基层群众等 5 人担任听证员，确定申诉人、公安机关办案人员参加。相关参加人就案件事实和法律依据充分发表了意见，检察机关说明了申诉人孙某受伤与俞某行为之间不存在刑法上的因果关系。

四是听证员充分发表意见，促成申诉人解开心结。听证会上，5 名听证员认真提问，经过评议程序后发表意见，一致同意检察机关不予立案监督的处理意见。申诉人孙某彻底解开心结，表示愿意息诉息访，回归正常生活，并当场提交息诉息访承诺书。

五是进行司法救助评议，解除申请人后顾之忧。因申诉人孙某丧失劳动能力，生活困难，听证会设置专门议题讨论申诉人司法救助事项。承办检察官就司法救助的合法性、可行性进行了说明，拟通过宁波市两级检察机关进行救助，听证员一致同意检察机关的司法救助方案。2020 年 6 月 18 日,慈溪市检察院作出国家司法救助决定,并将所作决定和相关理由及时告知听证员。

(三) 典型意义

办理申诉信访案件,打开当事人心结、化解积怨至关重要。承办检察官在听证会召开前,当面了解当事人诉求,全面听取各方意见,做好各项准备。邀请人大代表、政协委员、当事人所在村委会代表、公安机关承办人等人员参加听证会。听证会上,申诉人、公关机关案件承办人、检察机关案件承办人充分发表意见,全面展示案件事实和理由,消除各方疑虑,最终赢得了申诉人的理解支持,圆满化解了信访积案。同时,通过司法救助等方式解除申诉人后顾之忧,切实维护了申请人的合法权益,推动案结事了人和。

案例三 安徽李某与姚某、牛某委托合同纠纷案——以听证解决疑难问题,维护司法公正公信

(一) 基本案情

2013 年 1 月,牛某借案外人张某 15 万元。为保障张某债权实现,牛某和妻子姚某承诺,如未按期还款,他们的房屋由张某的朋友李某全权代理出售,并将授权委托书公证。后来,牛某未能及时向张某还款且失去联系。李某就在 2013 年 5 月将牛某和姚某的房屋以 30 万元价格出售给他人,并将售房款用于归还牛某和姚某购房所欠的按揭贷款以及偿还二人所欠张某借款。2013 年 5 月,姚某委托的资产评估事务所评估涉案房屋价格为 47.89 万元。2018 年 1 月,牛某和姚某以李某存在重大过失为由,诉至安徽省合肥市庐阳区法院,请求李某返还房屋本金 30 万元并支付相应利息,赔偿低价出售造成的损失。法院认为,涉案房屋 2013 年的计税价格

（房管局对涉案房屋的评估价格）为 43.7 万元，李某的出售价明显偏离正常交易价格、构成重大过失，判决其赔偿牛某、姚某 13.7 万元。李某不服一审判决，向原审法院申请再审被驳回后，于 2019 年 12 月 4 日向合肥市庐阳区检察院申请监督。

（二）听证程序

该案案情较为疑难复杂，双方当事人在案件定性、民事责任认定、赔偿方式和数额等方面争议较大，多次沟通无法达成和解。2020 年 5 月 14 日，合肥市庐阳区检察院召开了公开听证会，取得了较好效果。

一是听证前充分准备，查明分歧事实。听证会召开前，检察机关综合评估了听证化解纠纷的必要性、可行性、纠纷解决的专业性等问题。一方面，该案申请人反映法院民事责任认定方面问题，被申请人反映申请人涉嫌"套路贷"犯罪问题，事实认定和法律适用争议较大，听证具有必要性。另一方面，尽管存在较大争议，但是申请人与被申请人都较为理性，均希望通过正当途径解决问题，听证具有可行性。检察机关还向公证员、房屋评估所工作人员等人员进行调查核实，查清涉案房屋评估价值、被申请人是否存在过错等案件事实。

二是充分借助"外脑"，确保听证质量。听证会邀请院校专家、公安机关法制民警、律师等法律专业人士担任听证员，由承办检察官主持。经过当事人陈述、原案件承办人发表意见、听证员提问等程序后，主持人对案件事实和争议焦点进行归纳。听证员评议后一致认为该案是民事纠纷，不涉及"套路贷"等刑事犯罪，双方当事人都存在一定过错。法院在判决时采用较低的计税价格，没有采用评估价格，事实上已经对双方责任进行了分配，判决结果合法合理。

三是依法作出处理决定,有效化解矛盾。合肥市庐阳区检察院经认真审查,采纳了听证员评议意见。2020年5月20日,该院作出不支持监督申请决定,并及时将处理决定告知双方当事人和听证员。通过听证,双方当事人对各自责任有了更加准确的认识,都接受了监督结果。

(三)典型意义

当事人就法院已经发生法律效力的民事裁判向检察机关提起民事诉讼监督申请的案件,经常涉及事实认定、法律适用、民刑责任交叉等疑难问题。检察机关应当全面考量案件的争议焦点、评估听证的必要性和可行性,邀请相关领域专家参加听证会,解决专业疑难问题。通过听证,检察官充分释法说理,换位思考,重视"法理情",从当事人的感受出发想问题、抓办案,让当事人理解有关裁判,认清责任划分依据,维护司法公正公信。

案例四 吉林李某等3人与某房屋征收经办中心等单位行政争议监督案——以听证查清事实,实质性化解行政争议

(一)基本案情

2014年5月29日,李某等3人经营的某机械厂厂房因属于违法建筑,被吉林省白城市房屋征收经办中心和城市管理执法局强制拆迁。白城市政府未作出强制执行决定,执行时也未告知当事人依法享有的权利义务,厂房内机械设备也未予返还。此后,李某等3人一直通过信访途径主张权利。2018年10月16日,李某等3人向白城市洮北区法院提起行政诉讼,请求法院判决白城市房屋征收经办中心和城市管理执法局赔偿其机械设备及停产停业损失共计 303 万元。法院认为,李某等 3 人在 2014 年 5 月被强制拆迁后,应当知道权利受到侵害,至提起行政诉讼已达 4 年之久,已经超过行政诉讼法规定的 6 个月的法定起诉期限,遂裁定不予立案。

李某等 3 人不服法院一审判决,提出上诉。2019 年 1 月 30 日,吉林省白城市中级法院作出二审裁定,维持一审裁定。李某等 3 人不服法院二审裁定,申请再审。2019 年 5 月 30 日,吉林省高级法院认为,按照《最高人民法院关于执行〈中华人民共和国行政诉讼法〉若干问题的解释》,在行政机关未告知申请人诉权或起诉期限的情况下,李某等 3 人在知道行政行为作出之日起 2 年内没有行使诉权,已超过起诉期限,裁定驳回再审申请。

李某等 3 人认为该案属不动产案件,应适用最长 20 年的起诉期限,法院裁定不予立案不当,于 2019 年 9 月 20 日向吉林省白城市检察院申请监督。

(二)听证程序

鉴于该案申请人的诉求始终没有进入法院实体审理,且申请人对相关法律适用问题存在重大分歧,白城市检察院于 2019 年 11 月 27 日组织召开了公开听证会,确定双方当事人、代理律师、法院工作人员等作为参加人,并邀请法律专家担任听证员。听证会经过检察官介绍案情、当事人说明情况、听证员提问、评议、发表意见等环节,取得了较好效果。

一是申请人诉求得到充分表达,消除不满抵触情绪。听证会上,检察机关让申请人及其代理律师发表意见,通过说明情况、提问答问,使得申请人多年诉求得以倾诉,情感得以宣泄。检察机关也了解了申请人的真实想法,找到了实质性化解行政争议的突破口。

二是及时发现关键性材料,解决案件争议问题。听证会上,白城市房屋征收经办中心出示了2014年11月该中心与李某等3人签订的《补充协议书》,证明该中心已经给付包括机械设备在内的各项损失共39.3万余元。这份之前一直没有出示的关键性材料在听证会上有了展示机会,成为准确查明案情、解决争议问题的突破口。

三是听证员充分发表意见,促成申请人息诉罢访。听证会上,听证员通过提问、评议、发表意见,进行释法说理。申请人充分认识到《补充协议书》的法律效力与法院裁判的正确性,表示息诉服判。同时,为了保障民营企业合法权益,检察机关在申请人与市房屋征收经办中心之间进行协调,促使双方达成和解,该中心同意申请人自行取回机械设备。

经审查,白城市检察院认为,依据《最高人民法院关于执行〈中华人民共和国行政诉讼法〉若干问题的解释》,该案不是"因行政行为导致不动产物权变动而提起的诉讼",不能适用关于不动产的起诉期限的规定,李某等3人申请监督的理由不成立,在2019年12月7日依法作出不支持监督申请决定书,并及时将决定和理由告知听证员。

(三) 典型意义

司法实践中,超过法定起诉期限等原因引起的无法立案现象较为常见,由于当事人诉求无法进入法院实体审理程序,息诉服判难度很大。特别是行政申诉案件,作为一方当事人的普通群众往往认为与行政机关无法平等对话,难以打开心结。检察听证为双方当事人搭建了一个面对面平等对话和相互沟通的平台。听证会上,双方当事人、代理律师、听证员等听证会参加人充分发表意见,检察官释法说理，发现了关键性材料，促进了行政争议的实质性化解。

案例五　广东省广州市南沙区检察院督促某区综合行政执法局等单位履职案——以听证助力法治政府建设，保障残疾人权益

（一）基本案情

2019 年 10 月，广东省广州市南沙区检察院在履行公益诉讼监督职责中，发现辖区内部分盲道被损坏、违法占用，导致视力残疾人士出行不便，社会公益严重损害，遂将该案件线索呈报广东省检察院审批立案。立案后，广州市南沙区检察院在进一步调查中发现，某区综合行政执法局、住房和城乡建设局、城市管理局、相关街镇政府等 12 家行政单位可能未履行对辖区内盲道建设、养护的监督管理责任。

（二）听证程序

为解决盲道所牵涉的多个行政单位职能交叉、责任交叉等问题，广州市南沙区检察院决定于 2020 年 5 月 20 日召开公开听证会，将听取意见、诉前磋商、检务公开、督促履职加以融合，消除身份隔阂，聚焦难点问题，在有效保障残疾人合法权益的同时，助力法治政府建设。

一是搭建听证平台，发挥听证员作用。根据该案特点，广州市南沙区检察院确定涉案 12 家相关行政单位参加公开听证会，邀请包括建筑学专家、行政法学教授、人大代表和政协委员的 4 名听证员参会，并邀请市区两级残疾人联合会代表旁听。听证会上，经过提问程序，建筑学专家对于建筑规划问题发表了意见，行政法学教授对于相关行政单位是否履职说明了情况，人大代表、政协委员就案件如何处理发表了意见。

二是规范听证程序，合力推进社会治理。听证会通过检察官介绍案情、行政单位就盲道整治问题说明情况、听证员发表意见等程序，充分保障了行政单位的表达权，使其心平气和接受监督。听证会上，专家学者、行政执法人员、人大代表、政协委员围绕协同建立信息通报机制、构建盲道保护长效机制、排查辖区其他无障碍设施运维状况等问题发表了意见。检察机关与听证会参加人探讨了符合地区实际的盲道整改措施，为作出具有针对性、可操作性的检察建议奠定了基础，对后续盲道修复整改提供了有效指引。

三是邀请相关利益方和媒体旁听，实现"三个效果"有机统一。听证会邀请了残疾人联合会的工作人员和新闻媒体旁听。残疾人联合会表示全力支持检察机关对盲道开展公益诉讼工作，希望更多无障碍设施问题能得到重视和解决。当地主流媒体进行了采访报道，肯定了检察机关的工作。

经审查，广州市南沙区检察院认为，某区综合行政执法局等 12 家行政单位未正确履行各自承担的监管职责，遂向上述行政单位发出公益诉讼诉前检察建议书，并及时将所作决定和相关理由告知听证员。截至 2020 年 7 月 20 日，12 家行政单位均已整改并回复，第三方评估显示整治效果良好，盲道障碍基本排除。

（三）典型意义

推进全面依法治国，法治政府建设是重点任务，依法行政是其核心。检察机关在办理行政公益诉讼案件中，为了督促行政机关依法履行职责，解决多个单位的职能与责任交叉问题，组织召开相关领域专家、人大代表和政协委员、有关单位及公共利益被侵害的相关主体代表等多方参与的公开听证会，充分调查核实情况，广泛听取意见，深入释法说理，将检察建议做成刚性、做到刚性，助推行政机关解决特殊群体权益保护问题，把以人民为中心落到实处。

参考文献

（一）著作类

［1］［德］托马斯·魏根特.德国刑事诉讼程序［M］.岳礼玲、温小洁译,北京：中国政法大学出版社,2004 年版.

［2］［日］田口守一.刑事诉讼法［M］.张凌、于秀峰译,北京：法律出版社,2019 年版.

［3］［美］迈克尔·贝勒斯.程序正义——向个人的分配［M］.邓海平译,北京：高等教育出版社,2005 版.

［4］［美］米尔伊安·R.达玛什卡.司法和国家权力的多种面孔：比较视野中的法律程序［M］.郑戈译,北京：中国政法大学出版社,2015 年版.

［5］［德］克劳斯·罗科信.刑事诉讼法［M］.吴丽琪译,北京：法律出版社,2003 年版.

［6］［美］伯尔曼.法律与宗教［M］.梁治平译,北京：生活、读书、新知三联书店,1991 年版.

［7］［法］皮埃尔·勒鲁.论平等［M］.北京：商务印书馆,1988 年版.

［8］［英］丹宁勋爵.法律的正当程序［M］.李克强等译,北京：群众出版社,1984 年版.

［9］T. J. Grout. Public Law［M］. Macdonald & Evans, 1998.

［10］林钰雄.刑事诉讼法［M］.台北：新学林出版社,2019 年版.

［11］罗传贤.行政程序法基础理论［M］.台北：五南图书出版公司,1993.

［12］陈瑞华.看得见的正义［M］.北京：法律出版社,2018 年版.

［13］杨惠基. 听证程序概论［M］. 上海：上海大学出版社，1998 年版.

［14］林钰雄. 严格证明法则与直接审理原则［M］. 北京：法律出版社，2008 年版.

［15］陈瑞华. 刑事诉讼中的问题与主义（第二版）［M］. 北京：中国人民大学出版社，2013 年版.

［16］陈瑞华. 刑事诉讼的中国模式［M］. 北京：法律出版社，2010 年版.

［17］熊秋红主编. 刑事诉讼法学的新发展［M］. 北京：中国社会科学出版社，2013 年版.

［18］陈卫东主编. 模范刑事诉讼法典（第二版）［M］. 北京：中国人民大学出版社，2011 年版.

［19］季卫东. 法治秩序的建构［M］. 北京：中国政法大学出版社，1999 年版.

［20］宋冰编. 程序、正义与现代化［M］. 北京：中国政法大学出版社，1998 年版.

［21］陈桂明. 诉讼公正与程序保障［M］. 北京：中国法制出版社，2002 年版.

［22］陈兴实主编. 检察业务新论［M］. 北京：中国检察出版社，1999 年版.

［23］宋英辉等. 外国刑事诉讼法［M］. 北京：北京大学出版社，2011 年版.

［24］樊崇义主编. 刑事诉讼法［M］. 北京：法律出版社，2016 年版.

［25］李昌道. 美国宪法史稿［M］. 北京：法律出版社，1986 年版.

［26］王名扬. 英国行政法［M］. 北京：中国政法大学出版社，1987 年版.

［27］蓝向东. 理论研究与案例参阅［M］. 北京：中国检察出版社，2016 年版.

［28］杨仁寿. 法学方法论［M］. 北京：中国政法大学出版社，2013 年版.

［29］周欣. 外国刑事诉讼特色制度与变革［M］. 北京：中国人民公安大学出版社，2014 年版.

［30］宋英辉等. 刑事诉讼原理（第三版）［M］. 北京：北京大学出版社，2014 年版.

［31］王兆鹏. 美国刑事诉讼法（第二版）［M］. 北京：北京大学出版社，2014 年版.

（二）论文类

［1］骆绪刚. 检察权运行司法化研究［D］. 华东政法大学，2015.

［2］刘国媛. 结构之维检察权研究［D］. 武汉大学，2016.

［3］王治朝. 论我国检察机关的公开审查程序［D］. 山东大学，2009.

［4］曹文海. 浅议民事检察监督中引入听证制度［D］. 华东政法大学，2003.

［5］王伟，肖辉. 中国检察听证制度探究［A］. 中国犯罪学学会预防犯罪专业

委员会会议论文集,2015-05-30.

[6] 张源. 听证中公民有效参与影响因素的探究[A]. 决策论坛——决策科学化与民主化学术研讨会论文集,2017-01-14.

(三)期刊类

[1] 龙宗智. 检察机关办案方式的适度司法化改革[J]. 法学研究,2013年1期.

[2] 章剑生. 从自然正义到正当法律程序——兼论我国行政程序立法中的"法律移植思想"[J]. 法学论坛,2016年第5期.

[3] 万毅. 检察权运行的改革调整[J]. 中国检察官,2018年第15期.

[4] 孙毅,胡跃先. 检察听证制度探析[J]. 人民检察,2001年03期.

[5] 杨慧亮,高飞. 检察听证制度的规范化建设[J]. 人民检察,2014年第15期.

[6] 贾西津. 听证制度的民主限度和正当程序[J]. 开放时代,2007年1期.

[7] 张琳. 逮捕条件的证明规则——以侦查阶段审查批准逮捕程序为视角[J]. 华侨大学学报(哲学社会科学版),2018年第5期.

[8] 刘国媛. 刑事检察听证制度的"理"与"法"[J]. 法学评论,2015年01期.

[9] 李志雄. 检察机关逮捕权制约机制的反思与重构[J]. 河北法学,2009年第12期.

[10] 上海市闵行区人民检察院课题组. 第三方参与不起诉案件公开审查机制实证研究[J]. 上海公安学院学报,2020年第4期.

[11] 马珊珊. 论审查逮捕制度诉讼化改革[J]. 警学研究,2020年第1期.

[12] 张宝印. 刑事申诉案件公开审查制度的建构[J]. 人民检察,2018年第16期.

[13] 王晓岚,宋珊珊. 论涉法涉诉信访案件公开听证制度的完善——以控告申诉检察工作为视角[J]. 犯罪研究,2020年5期.

[14] 龚向田. 论行政听证的实体性人权保障价值[J]. 湖南行政学院学报,2020年1期.

[15] 李雪健. 刑事申诉听证制度的现实困境与制度完善[J]. 湖北文理学院学报,2019年7期.

[16] 张昌辉. 司法听证:群众参与价值及其运作[J]. 政法学刊,2017年4期.

[17] 曾哲,周泽中. 善治的理性:公民参与行政的后果考量[J]. 求实,2017年6期.

[18] 张昌辉. 群众参与视角下中国司法听证制度的规范化[J]. 北京理工大学

学报(社会科学版),2017 年 3 期.

[19] 彭志刚. 试论我国审查逮捕听证程序的建立[J]. 中国司法,2011 年第 9 期.

[20] 马莹莹. 羁押必要性审查工作机制试点探索[J]. 中国检察官,2017 年第 2 期.

[21] 万毅. 刑事诉讼法文本中"可以"一词的解释问题[J]. 苏州大学学报,2014 年第 2 期.

[22] 李瑞芝. 刑事申诉案件公开听证程序的路径构建——以聂树斌案公开听证为借鉴[J]. 中国检察官,2017 年第 9 期.

[23] 蒋智. 强化审查逮捕听证程序制度保障[J]. 检察日报,2020 年 9 月 21 日第 3 版.

[24] 肖中华. 审查逮捕听证制度研究[J]. 法学杂志,2013 年第 13 期.

[25] 尹伊君. "人民检察院刑事申诉案件公开审查程序规定"理解与适用[J]. 人民检察,2012 年第 4 期.

[26] 何永福. 美国审前羁押听证程序及其启示[J]. 人民检察,2019 年第 9 期.

[27] 宴改会,殷耀刚,郭娅婧. 检察机关逮捕程序的理性反思与司法化重构[J]. 中国检察官,2014 年第 7 期.

[28] 汤维建,王德良. 民事检察听证程序构想[J]. 人民检察,2020 年第 12 期.

[29] 何艳敏. 如何做好行政检察听证促进争议实质性化解[J]. 检察日报,2020 年 1 月期.

[30] 刘东杰. 行政检察监督如何做好公开听证[J]. 检察日报,2020 年 7 月 21 日.

[31] 李大扬,滕艳军. 民事检察听证制度实证研究分析[J]. 中国检察官,2019 年 13 期.

[32] 袁书广. 浅议民事检察监督中引入听证制度[J]. 中国检察官,2016 年 17 期.

[33] 天津市和平区人民检察院课题组. 检察机关提起民事公益诉讼诉前听证程序研究[J]. 法制与社会,2020 年第 15 期.

[34] 聂友伦. 司法解释性质文件的法源地位、规范效果与法治调控[J]. 法制与社会发展,2020 年第 4 期.

[35] 王莉. 检察机关提起、参与民事公益诉讼的法理基础[J]. 人民检察,2011 年第 14 期.

[36] 季卫东. 程序比较论[J]. 比较法研究,1993 年第 2 期.

[37] 梁鸿飞. 检察公益诉讼:法理检视与改革前瞻[J]. 法制与社会发展,2019

年第 5 期.

[38] 马怀德. 论听证程序的适用范围[J]. 中外法学,1998 年第 2 期.

[39] 王春业. 论行政公益诉讼诉前程序的改革——以适度司法化为导向[J]. 当代法学,2020 年第 1 期.

[40] 张锋. 检察环境公益诉讼之诉前程序研究[J]. 政治与法律,2018 年第 11 期.

[41] 王锡锌,章永乐. 专家、大众与知识的运用——行政规则制定过程的一个分析框架[J]. 中国社会科学,2003 年第 3 期.

[42] 张琴. 检察听证,让公平正义可触可感可信[N]. 检察日报,2020 年 12 月 1 日.

[43] 邱景辉. 泉州市两级检察机关全面推行不起诉公开审查制度[N]. 泉州晚报,2001 - 06 - 27.

[44] 李大泽,李健,刘维. 长乐检察院出台听证制度[N.]. 海峡都市报,2010 年 4 月 8 日.

[45] 金增,吕良芳,付效娜. 检察开放日举行拟不起诉案件听证会[N]. 检察日报,2012 年 8 月 20 日.

[46] 张炳琪. 推进规范化常态化公开听证[N]. 检察日报,2020 年 7 月 22 日.

后 记

　　检察听证是检察机关落实司法公开,保障司法公正,提升司法公信,落实普法责任,促进矛盾化解的有利途径。本课题组专注于开展以检察听证为专题的项目研究,从 2020 年初最高人民检察院检察应用理论研究课题的筹备、申报、立项、研究到最后的结项,课题组成员在《西南交通大学学报(社会科学报)》、《西南石油大学学报(社会科学报)》、《交大法学》、《辽宁公安司法管理干部学院学报》以及《广西政法管理干部学院学报》等法学学术刊物发表论文近 10 篇,并出版本著作的综合性研究成果。

　　《听证在检察机关办案应用问题研究》一书是法学专家、学者与一线检察官经验、智慧的共同结晶,检视司法实务之现状,梳理并分析疑难法律问题,并给予相应的解决对策,身体力行的推动法学理论与实践的互动发展。同时,在课题组开展项目研究期间,2020 年 10 月 20 日最高人民检察院发布《人民检察院审查案件听证工作规定》,司法实践需要一个适应和磨合的过程,本著作系统的整合了该新规定的若干重要内容,对实践中可能遇到的问题未雨绸缪,能够更好的确保新规定的贯彻与落实,保障法律实施的安定性。

本课题的主要研究内容为:总论、刑事检察听证、民事行政检察听证、检察公益诉讼听证与实证案例和法条梳理整合等。具体的子课题分工为:(一)总论:杨坤、万毅、刘亦峰、唐超、肖江、钟宇晴、张明利、刘奕廷;(二)刑事检察听证:杨坤、谢科、刘亦峰、刘姝廷、刘眉芬、周云、许源源、蔡茹薪;(三)民事行政检察听证:万毅、刘亦峰、赵江、刘正成、黄小兰、冯琪、刘星辰、董葳苨;(四)检察公益诉讼听证:谢科、车春燕、向东芸、康燕、陈治江、吕泽冰、张明利、干海林;(五)实证案例与法条梳理:杨坤、万毅、刘亦峰、谢科、吕泽冰、张明利、周云、冯琪。本课题的研究、专题论文发表与著作出版除课题组成员的努力外,还得到乐山市人民检察院党组书记、检察长李鹏飞的大力支持。此外,本课题项目的研究也得到四川大学法学院检察制度研究中心、西南政法大学法学院各位老师的支持与帮助。在此特别表示感谢!

最后,本书的出版得到了上海三联书店的领导和编辑的大力支持与帮助,在此并致谢忱!

由于水平有限,如有不妥之处,敬请读者不吝指正!

课题组全体成员
2021 年 6 月

图书在版编目(CIP)数据

听证在检察机关办案中应用问题研究/杨坤等著. —上海：
上海三联书店,2021.8
ISBN 978－7－5426－7435－7

Ⅰ.①听… Ⅱ.①杨… Ⅲ.①检察机关－工作制度－研究－
中国 Ⅳ.①D926.3

中国版本图书馆 CIP 数据核字(2021)第 103084 号

听证在检察机关办案中应用问题研究

著　　者 / 杨　坤　万　毅　刘亦峰　谢　科

责任编辑 / 郑秀艳
装帧设计 / 一本好书
监　　制 / 姚　军
责任校对 / 张大伟　王凌霄

出版发行 / 上海三联书店
　　　　　(200030)中国上海市漕溪北路 331 号 A 座 6 楼
邮购电话 / 021－22895540
印　　刷 / 上海惠敦印务科技有限公司

版　　次 / 2021 年 8 月第 1 版
印　　次 / 2021 年 8 月第 1 次印刷
开　　本 / 890mm×1240mm　1/32
字　　数 / 120 千字
印　　张 / 5.5
书　　号 / ISBN 978－7－5426－7435－7/D・498
定　　价 / 48.00 元

敬启读者,如发现本书有印装质量问题,请与印刷厂联系 021－63779028